Lesebuch 4

erarbeitet von
Hildegard Albermann, Susanne Mertens,
Ursula Schagerl und Andrea Wimmer

illustriert von
Ulrike Baier, Verena Ballhaus, Christine Faltermayr,
Sylvia Graupner, Yayo Kawamura, Sandra Reckers,
Martina Theisen und Katja Wehner

Oldenbourg

Schreibe auf.   Partnerarbeit

 Male und gestalte.   Gruppenarbeit

 Schneide aus.   **2** Zusatzaufgabe

 Informiere dich.

Das Papier ist aus chlorfrei gebleichtem Zellstoff hergestellt,
ist säurefrei und recyclingfähig.

© 2011 Oldenbourg Schulbuchverlag GmbH, München
www.oldenbourg-bsv.de

Das Werk und seine Teile sind urheberrechtlich geschützt.
Jede Nutzung in anderen als den gesetzlich zugelassenen Fällen
bedarf der vorherigen schriftlichen Einwilligung des Verlags.
Hinweis zu §52a UrhG: Weder das Werk noch seine Teile dürfen
ohne eine solche Einwilligung eingescannt und in ein Netzwerk
eingestellt werden. Dies gilt auch für Intranets von Schulen
und sonstigen Bildungseinrichtungen.

Der Verlag übernimmt für die Inhalte, die Sicherheit
und die Gebührenfreiheit der in diesem Werk genannten
externen Links keine Verantwortung.
Der Verlag schließt seine Haftung für Schäden aller Art aus.
Ebenso kann der Verlag keine Gewähr für Veränderungen
eines Internetlinks übernehmen.

1. Auflage 2011
Druck   15   14   13   12   11
Die letzte Zahl bezeichnet das Jahr des Drucks.
Alle Drucke dieser Auflage sind untereinander unverändert
und im Unterricht nebeneinander verwendbar.

Umschlagkonzept: Mendell & Oberer, München
Umschlag: Erasmi + Stein, München
Umschlagillustrationen: Martina Theisen, Stadecken-Elsheim
Grafische Konzeption: Erasmi + Stein, München
Layout und Satz: Lisa Neuhalfen, Berlin
Lektorat: Salomé Dick, Berlin
Bildredaktion: Stefanie Portenhauser
Herstellung: Angelika Brandtner
Reproduktion: Repro Ludwig, Zell am See
Druck: Firmengruppe APPL, aprinta Druck, Wemding

ISBN 978-3-637-00474-0

Inhalt

A wie Anfang 4

Ich und die anderen 14
Sich vor dem Lesen Gedanken zum Text machen 28

Unsere Heimat – unsere Welt 30
Das passende Buch auswählen 46

Arbeiten und erfinden 48
Informationen im Text mit dem Vorwissen abgleichen 64

Fantasiewelten 66
Handlungsschritte in Texten herausfinden 80

Ich und mein Körper 82
Beim Lesen Stichwörter notieren 94

Gestern, heute und morgen 96
In einem Text gezielt Informationen suchen 112

Kleider machen Leute 114
Die eigene Meinung zu einem Thema bilden 128

Wasser und Wetter 130
Fachbegriffe verstehen 140

Leben in und an Gewässern 142
Zu einem Thema recherchieren 158

Die Welt der Medien 160
Eine Buchausstellung gestalten 178

Jahreskreis 180

Ideen und Tipps 194

A wie Anfang

Legende vom Nil

Paul Klee

Paul Klee hat bestimmt an seine Ägyptenreise gedacht, als er dieses Bild gemalt hat. Der riesige Fluss Nil, aber auch die Schriftzeichen und Symbole, die in Tempel und Pyramiden eingeritzt waren, haben ihn so beeindruckt, dass er oft eine eigene Bilderschrift verwendete.

1. Schreibe zu dem Bild eine Geschichte.
2. Zeichne dein eigenes Flussbild.

Hieroglyphen

Vor ungefähr 5000 Jahren begannen die Menschen, die am Nil lebten, ihre Sprache schriftlich aufzuzeichnen. Diese Bildzeichen wurden später als Hieroglyphen, heilige Zeichen bezeichnet, weil sie oft auf Tempelmauern oder Pyramiden geschrieben waren. Sie erzählten
5 Geschichten über Götter, gaben Anweisungen für Priester oder hielten Festprogramme sowie Parfümrezepte fest. Es gab aber auch Texte, die darstellten, wie viele Hühner oder Säcke mit Gerste gekauft wurden. Hieroglyphen kann man in verschiedenen Richtungen lesen: Von links nach rechts wie im Deutschen, von rechts nach links wie im Arabischen
10 oder von oben nach unten wie im Chinesischen.

Hieroglyphen stehen für die einzelnen Laute, bedeuten manchmal aber auch das, was sie als Bild darstellen. Schreiber meißelten sie mühevoll in Tempelsteine oder malten sie kunstvoll auf Papyrusrollen, die aus der am Nil wachsenden Papyruspflanze hergestellt wurden.
15 Über 3000 Jahre wurde in der Hieroglyphen-
schrift geschrieben. Als die Römer das Land
am Nil besiegten, wurden die Zeichen verboten
und die alte Schrift geriet in Vergessenheit.
Jahrhundertelang konnte niemand die geheimnis-
20 vollen Zeichen entziffern. Erst 1822 gelang es
einem Franzosen, die Hieroglyphen zu über-
setzen.

1 Schreibe eine Nachricht in Bilderschrift auf.

2 Sammle weitere Informationen über Hieroglyphen.

S. 196: Ein Referat vorbereiten

A-E-I-O-U

Ob ich eine lange Schlange
abends ohne Bange fange
oder eine kecke Schnecke
unter eine Decke stecke,
ob ich ein Stück Rinde finde
und an eine Linde binde
oder eine große Rose
morgens in die Soße stoße
oder meine Spucke schlucke
und zu einer Glucke gucke,
alles das ist allemal
völlig gleich und ganz egal.
Weil sich nur das Wort am Schluss
mit dem nächsten reimen muss.

Paul Maar

 **1** Wieso hat das Gedicht diese Überschrift?

 2 Schreibe ein eigenes A-E-I-O-U-Gedicht.

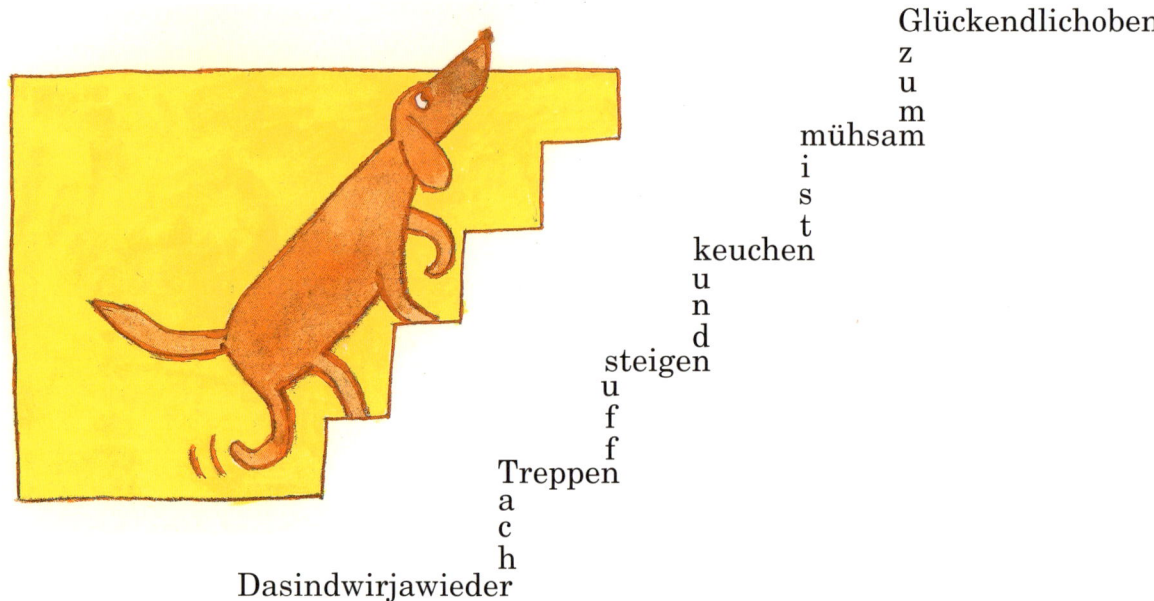

S. 200: Texte und Bilder ausstellen

Das große Lalula

Kroklokwafzi? Semememi!
Seiokrontro – prafriplo:
Bifzi, bafzi; hulalemi:
quasti basti bo …
Lalu lalu lalu lalu la!

Hontraruru miromente
zasku zes rü rü?
Entepente, leiolente
klekwapufzi lü?
Lalu lalu lalu lalu la!

Simarar kos malzipempu
silzuzankunkrei (;)!
Marjomar dos: Quempu Lempu
Siri Suri Sei []!
Lalu lalu lalu lalu la!

        Christian Morgenstern

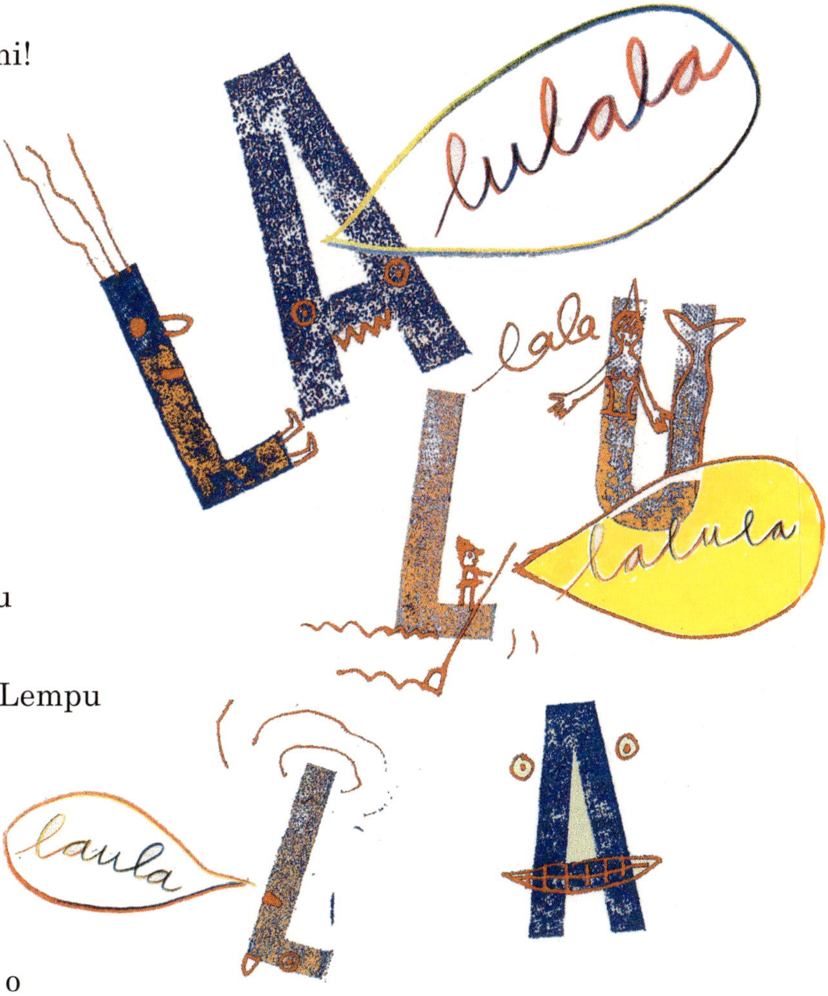

Ich bin oben! Bin oben! Ganz o
                       o
                       o
                       o
                       o
                       o
                       o
                       oh, wer hat mich da wieder hinuntergestoßen!

        Hans Manz

1 Lies das Gedicht vom großen Lalula.
Achte dabei vor allem auf die Satzzeichen.

 2 Übersetze das Gedicht vom großen Lalula.

Ein Akrostichon ist auch ein Gedicht

Lustige Geschichten,
Erzählungen,
Sagen und Märchen,
Erlebnisse und Gedichte,
Bastelanleitungen und Rezepte,
Unterschiedliche Schmökertexte,
Comics und
Herrliche Bilder auf vielen Seiten.

Paul mag
Abenteuerbücher, die spannend sind.
Und ihm gefallen
Lustige Geschichten und Comics.

Lustig
Erfreulich
Spannend
Eindrucksvoll
Notwendig

Marie war in den Ferien auf einer Insel im Mittelmeer.
Endlich konnte sie nach Herzenslust tauchen und schnorcheln.
Eifrig hat sie am Strand Muscheln gesucht.
Richtig gut hat ihr auch der Ausflug zum Leuchtturm gefallen.

🖉 **1** Schreibe ein eigenes Akrostichon.

🖌 **2** Gestalte die Anfangsbuchstaben.

➡ S. 194: Ein Akrostichon schreiben

Gleicher Anfangsbuchstabe

Manchmal, wenn Anne und Paul wirklich nichts Besseres
zu tun haben, spielen sie dieses Spiel:
Einer fängt an und schreibt einen kurzen Satz, bei dem alle Wörter
mit dem gleichen Buchstaben beginnen müssen. Der Nächste fügt
ein neues Wort ein. Das geht abwechselnd so weiter, bis schließlich
ein ganz langer Satz entstanden ist.

Alle Ameisen arbeiten.
Alle alten Ameisen arbeiten.
Alle alten Ameisen arbeiten am Abend.
…
Alle alten Ameisen arbeiten angestrengt am Abend,
aber alle arbeitsunwilligen Adler angeln abends ab acht
amerikanische Aale aus Alaska.

Herrenlose Hunde heulten.
Hundert herrenlose Hunde heulten.
Hundert herrenlose Hunde heulten heute.
…
Hundert hagere, herrenlose Hunde heulten heute höllisch hinter
Herrn Hubers hohem Holzzaun.

Elf elegante Elefanten essen.
Elf elegante Elefanten essen eifrig.
Elf echt elegante Elefanten essen eifrig Eis, ehe …
(Bitte weitermachen!)

Anne und Paul Maar

 **1** Schreibt eigene Sätze auf.

Ein Haufen Ärger

Auf einem alten Hausboot in Amsterdam ist ganz schön was los.
Kein Wunder, denn dort leben der furchtlose Kater Van Gogh, die wasserscheue Ratte Rudolf, das verwirrte Blässhuhn Bertlinde, der Papagei Frans mit seinem Spiegelbild Frans, die schüchterne Riesenschlange Evangelina und Van Goghs große Liebe, die schöne Perserkatze Chou Chou.
Ein paar Hunde wollen ihnen das Hausboot streitig machen.

Aufgeregt mit den Flügeln schlagend stürzt Bertlinde in den Salon.
„Da draußen sind welche!", gackert sie. „Ganz viele!"
„Wer ist draußen?" Van Goghs Augen glitzern abenteuerlustig.
„Wer wagt es, unser Boot zu betreten?"
5 „Hunde! Drei riesige Hunde!"
„Ich kümmere mich drum. Das sind bestimmt die Freunde
von dem kleinen Kläffer von gestern Abend. Da bin ich
weiß Gott andere Kaliber gewohnt."
Keiner hört Van Gogh zu, alle starren auf die Treppe.
10 Oben in der Tür steht ein Hund.
„Nimmst du den kleinen Kläffer zurück?", kläfft der Pinscher.
Alle atmen erleichtert auf. „Der nimmt nie etwas zurück",
fiept Rudolf, die Ratte, mutig. Vor diesem Hundewicht muss man
wirklich keine Angst haben, der ist ja kaum größer als er selbst.
15 Van Gogh geht zur Treppe.
„Komm runter, dann zeig ich dir, wie ich mich entschuldige ..."
Der Pinscher macht kehrt und verschwindet in der Nacht.
Van Gogh fährt sich lässig über das fehlende Ohr.
„Mit so einem Zwerg lohnt es sich nicht zu kämpfen, schade eigentlich,
20 mir wär mal wieder nach ..."
Wonach ihm wäre, bleibt Van Gogh in der Kehle stecken,
denn lautes Gepolter ertönt und drei riesige Hundeleiber
drängen sich durch die Tür und stürzen mit ohrenbetäubendem Gebell die Treppe herab.
25 Die Lampe fällt um, es ist stockdunkel im Raum.

„Wo ist das Katzenvieh? Dich mach ich kalt!", knurrt eine tiefe Stimme.
„Ab nach hinten und durchs Fenster an Deck", zischt Van Gogh.
„Die gehen stiften, Rex! Hinterher!" Aber im Gegensatz zu Katzen
können Hunde im Dunkeln nun mal nicht so gut sehen. Die drei
30 knallen mit ihren Köpfen aneinander und torkeln benommen herum.
Rudolf hüpft hinter Chou Chou durchs Fenster. „Das war knapp!",
schnauft Van Gogh, der als Letzter auf das Heck springt.
„Aber wie kommen wir an Land?", jammert Rudolf und blickt
schaudernd in den meterbreiten Streifen Wasser zwischen Bootswand
35 und Kaimauer. „Wir benutzen Evangelina als Brücke", sagt Van Gogh.
„Aber das geht doch nicht!", ruft Evangelina.
Aus der Küche ertönt das Klappern von Töpfen, die zu Boden fallen.
„Sie kommen! Mach schon Evangelina!"
Evangelina ziert sich nicht länger. Sie lehnt sich über den Bootsrand,
40 der Schlangenleib ruckt ein Stückchen vor und noch ein Stückchen,
schließlich liegt ihr Kopf auf der Straße.
Der Erste, der hinüberflitzt, ist Rudolf. Ihm folgen Chou Chou und
Van Gogh. „Mein Ei! Wir müssen mein Ei mitnehmen!", quakt
Bertlinde. Van Gogh macht noch einmal kehrt, schnappt sich das Ei
45 und läuft los. Keine Sekunde zu spät, denn soeben stürzt einer der
Hunde durchs Fenster und landet – platsch – im Wasser, denn
Evangelina hat gerade noch rechtzeitig den Schwanz eingezogen.
Auf der Brücke bleiben alle stehen und schauen übers Wasser.
Dahinten bei der Trauerweide, da liegt ihr Boot. Man erkennt es gleich
50 an dem halb versunkenen Heck.
„Es sieht nicht sehr groß aus", sagt Evangelina.
„Und nicht sehr neu", fiept Rudolf.
„Aber es ist wunderschön", sagt Chou Chou.

Sabine Ludwig

 1 Male die Tiere auf der Flucht.

 2 Wie könnte die Geschichte weitergehen?

S. 198: Einen Text als Comic darstellen
S. 200: Texte und Bilder ausstellen

Bauernregeln für Kinder

Liegen im Feld drei kleine Drachen,
hast du heute nichts zu lachen.

Läuft ein Wolf am großen Fluss,
kriegst du heute einen Kuss.

Findest du ein Schnabeltier,
das bringt Glück. Behalt es dir!

Schläft ein Dachs im Apfelbaum,
war das alles nur ein Traum.

Gerda Anger-Schmidt, Birgit Duschek

Geht die Sonne abends unter, wird Frida endlich wieder munter.

1 Denke dir Verse für eine witzige Bauernregel aus.

Ein Glückspilz sein

Im Sommer brennt die Sonne oft lange auf Stadt und Feld, auf Wiese und Wald. Alles ist heiß und trocken. Zum Glück kommt manchmal ein Gewitter mit schwarz geballten Wolken und donnert und blitzt und schüttet Regenmassen auf die Erde. Dann sprießen die Blumen. Dann knospen die Bäume. Dann riecht es im Wald ganz wunderlich. Auf einmal wachsen über Nacht Stiele empor und Schirme. Knollige, buschige, gräuliche, bräunliche, orangefarbene, kleine und riesengroße Pilze, wo vorher nur staubiger Waldboden war. Das wirkt wie Zauberei, weil es so plötzlich geschieht, wie aus dem Nichts. Und wenn jemand plötzlich Glück hat, obwohl er nichts dafür getan hat, ist es so, als sei er mithilfe des Glücks wie ein Pilz emporgeschossen. Wie ein Glückspilz eben.

Ein Pechvogel sein

Ein Vogel flog durch die Sommerluft. Am Abend wurde er müde und setzte sich auf einen Zweig. Erst spürte er nichts Ungewöhnliches. Doch als er davonfliegen wollte, ging es nicht. Er klebte an einer schwarzen Masse auf dem Zweig fest. Sosehr er es auch versuchte, er konnte sich nicht losreißen. Ein Mann hatte klebriges Pech auf den Zweig geschmiert und den Vogel so gefangen. So fing man früher Vögel. Pech ist eine klebrige Masse, die man aus Holz und Erdöl gewann. Daraus bildeten sich verschiedene Redensarten. Man sagt „Pech haben", wenn ein Unglück oder ein Missgeschick passiert. Und jemanden, der oft Pech hat, nennt man einen „Pechvogel".

Rolf-Bernhard Essig

1 Was bedeutet die Redensart „vor Neid platzen"? Informiere dich im Internet.

2 Sammle weitere Redensarten.

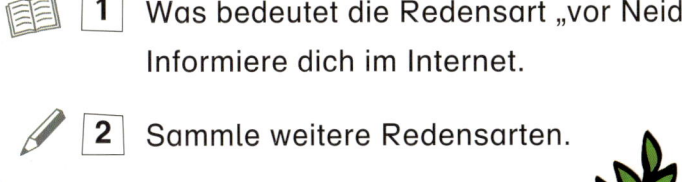

Ich und die anderen

Wunder des Alltags

Manchmal, da habe ich eine Angst.
Manchmal, da habe ich einen Zorn.
Manchmal, da habe ich eine Wut.

Manchmal, da habe ich keine Freude.
Manchmal, da habe ich kein Vertrauen.
Manchmal, da habe ich keinen Mut.

Aber manchmal,
da kommt plötzlich jemand
und fragt mich: „Komm du, geht's dir nicht gut?"

Hans Manz

1 Wie geht es dir manchmal?

2 Schreibe ein eigenes Gedicht.
   So kann es auch beginnen:
   Oft …
   Gestern …

→ S. 197: Einen Text am Computer gestalten

Anzeigen im Gemeindeblatt

Fußballtraining für die Sandkastenliga (4 und 5 Jahre): ab sofort jeden Dienstag von 14.00 bis 15.00 in der Turnhalle

Achtung! Glascontainer: Geänderte Einwurfzeiten: Mo – Fr 8 bis 12 Uhr und 14 bis 18 Uhr

Hilfe: Nachhilfestunden für Mathematik 6. Klasse gesucht! Handy: 0137-7190957

Wer kann eine Woche lang meinen Hund ausführen? Tel. 9655032

Achtung: Baumfällarbeiten in der Uferstraße ab 10. Oktober! Parkverbot zu beiden Seiten der Straße bis zum 13. Oktober

Öffnungszeiten der Bibliothek: Mo bis Fr 10.00 bis 18.00 Uhr, Mi geschlossen

Achtung Müllabfuhr: Die Termine verschieben sich wegen des Feiertags in der nächsten Woche (Keine Leerung am Mittwoch!)

Biete Hilfe bei Gartenarbeiten an. 8 Euro pro Stunde. Tel. 8793620

Übernehme Hilfsarbeiten im Haushalt (auch Putzen). Tel. 0173626980

Verschenke CD-ROMs mit Lernspielen für Kinder an Selbstabholer. E-Mail: lernspiel@abc.de

Warum kann ich jetzt in der Uferstraße nicht parken?

Ich möchte Nachhilfe in Mathematik geben.

Ich brauche Hilfe bei der Gartenarbeit.

Ich möchte so gerne Fußball spielen.

Wo können wir günstig CD-ROMs kaufen?

 1 Welche Anzeige passt zu welcher Person?

Der Hundebesitzer

Mister ist der unvergleichliche Hund, den sein Herrchen um nichts in der Welt hergeben würde. Oft sprechen sie miteinander über Geschichten von Menschen – obwohl Mister die Menschen nicht immer mag.

Wenn wir spazieren gehen, dann läuft Mister meistens voraus. Wenn er an einem Garten vorbeikommt, macht er immer einen Besuch und begegnet manchmal Gartenbesitzern, die Hunde nicht leiden können.

Eines Tages brüllte ein wütender Mann mich an:

5 „Hallo! Sind Sie der Besitzer dieses Hundes? Dann rufen Sie sofort Ihren Hund. Hunde gehören an die Leine."

Aber Mister war schon weit weg.

Als wir nach Hause kamen, fragte Mister: „Bist du der Besitzer dieses Hundes?"

10 „Ja, das bin ich wohl."

„Und wer ist der Hund?", fragte Mister nach.

„Damit hat er dich gemeint. Ich habe ja keinen anderen Hund."

„Bedeutet das, dass du mich besitzt?", wunderte sich Mister jetzt.

„Nein, du weißt genau, dass ich das nicht tue. Du bist mein Freund

15 und ich besitze dich nicht. Aber das konnte der Mann ja nicht wissen."

„War er der Besitzer dieses Gartens?" „Das glaube ich."

„Wie kann man einen Garten besitzen?"

„Ja, das ist eine gute Frage. Man kauft den Boden und stellt einen

20 Zaun auf und das, was hinter dem Zaun liegt, das besitzt man. Aber das, was davor liegt, das gehört anderen."

„Wem gehört der Weg?"

„Der gehört der Gemeinde."

„Wer ist das?"

25 „Das sind wir alle zusammen.

Alle, die hier am Ort wohnen, wohnen in derselben Gemeinde und besitzen gemeinsam allerlei Dinge: Straßen, Schulen, Fußballplätze, Kindergärten, Parks, Büchereien und noch viel mehr."

„Und seid ihr alle Freunde?"
30 „Nein … die meisten kennen sich untereinander gar nicht. Und wenn wir in einen anderen Ort ziehen, dann werden wir Mitbesitzer einer anderen Gemeinde, mit anderen Schulen, anderen Straßen, Kindergärten, Fußballplätzen, Parks und Büchereien."
35 „Hu, ist das langweilig. Ich wusste gar nicht, dass ich nach so langweiligem Kram gefragt habe."
„Vielleicht ist das langweilig, aber es ist auch sehr vernünftig. Denn es bedeutet doch, dass man überall zur Schule gehen kann, egal, wo man wohnt. Und immer gibt es einen Park zum Spazierengehen
40 und eine Bücherei."
„Das bedeutet vielleicht auch, dass es immer einen Garten gibt, den man nicht betreten darf, weil ihn jemand besitzt?"
„Ja, das stimmt."
„Das ist vielleicht blöd", sagte Mister verächtlich.
45 „Heißt das, dass du unseren Garten öffnen möchtest, damit alle Hunde hereinkommen und auf unsere Blumen pinkeln können?", fragte ich nach.
„Überhaupt nicht. Die anderen Hunde wissen ja nicht, wo man pinkeln darf. Ich würde sie auf jeden Fall verjagen."
50 „Das verstehe ich nicht."
„Das liegt daran, dass du kein Hund bist."

Thomas Winding

1 🐾 Wen mag Mister nicht immer?

🐾🐾 Was passiert, wenn man in einen anderen Ort zieht?

🐾🐾 Was hältst du davon, dass Mister fremde Hunde aus seinem Garten vertreiben würde? Begründe mit dem Text.

Wenn du ganz allein bist

Wenn du ganz allein bist,
zwingt dich niemand
zu irgendwas.
Keiner weiß
immer alles besser.

Wenn du ganz allein bist,
gehört jeder Kühlschrank
dir,
jede Blume,
jede Straßenecke,
jeder Eissalon.

Wenn du ganz allein bist,
bist du König.
Aber leider
ohne Reich.

Klaus Kordon

1 Alleinsein hat gute und schlechte Seiten.
Zeichne eine Tabelle und trage Vorteile und Nachteile ein.

Vorteile	Nachteile
...	keiner spielt mit mir

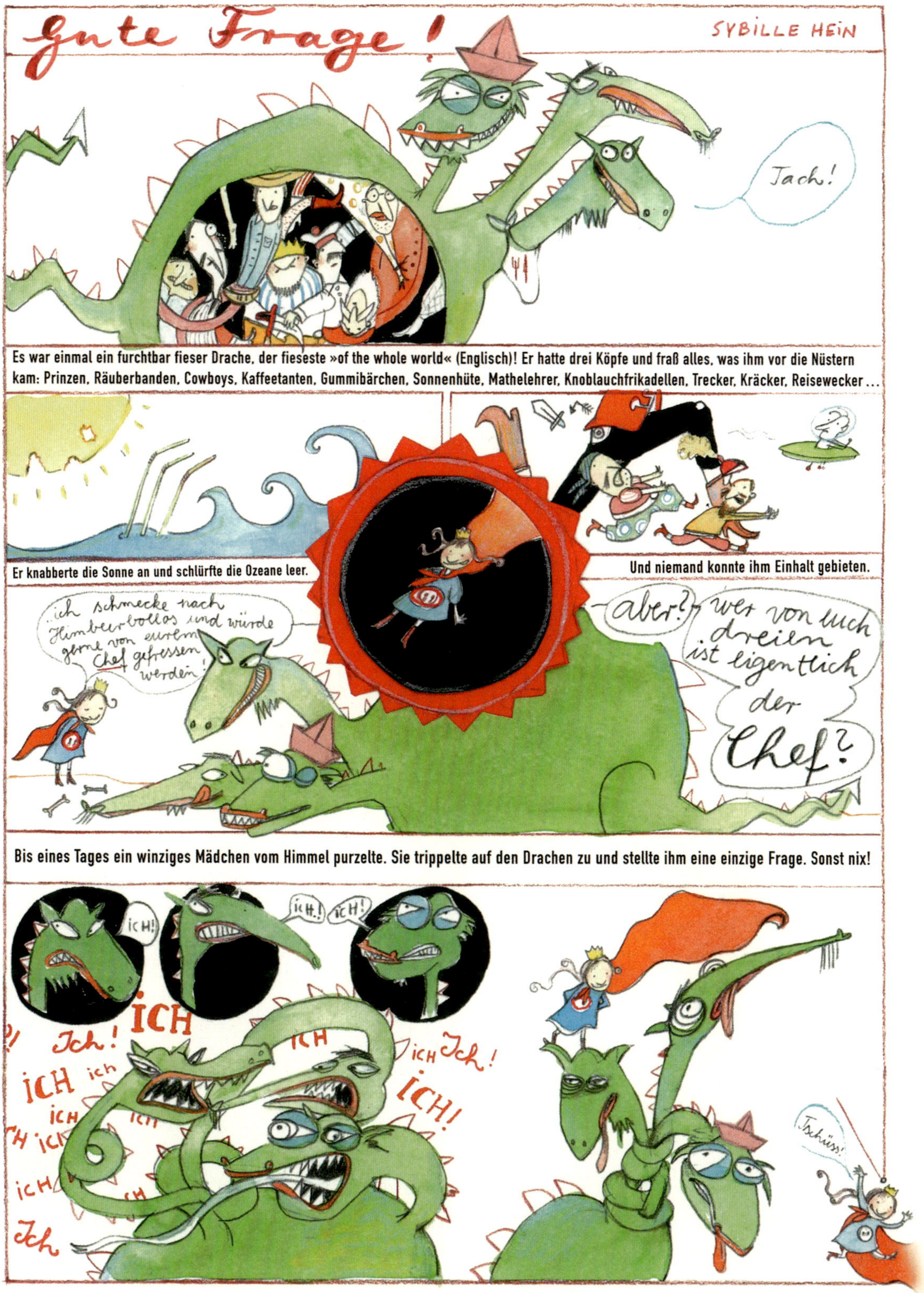

Himbeermarmelade

Ricis Großonkel Georg machte sich jeden Morgen um neun sein Frühstück. Um halb eins brachte ein freundlicher junger Mann das Mittagessen. Um sechs machte er sich sein Abendessen. Und sonntags gab es morgens und abends ein Brot mit Himbeermarmelade.

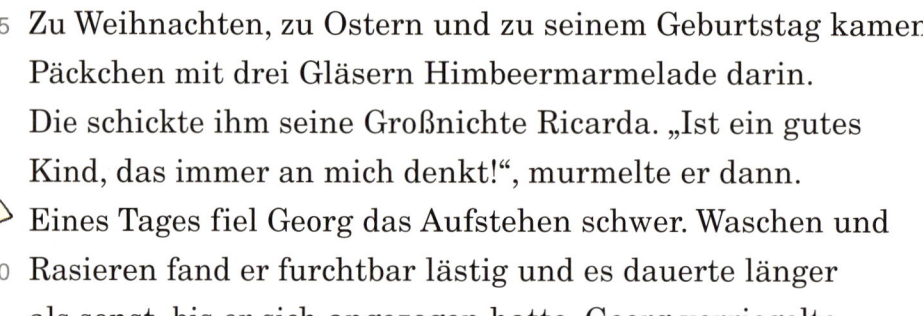

5 Zu Weihnachten, zu Ostern und zu seinem Geburtstag kamen Päckchen mit drei Gläsern Himbeermarmelade darin. Die schickte ihm seine Großnichte Ricarda. „Ist ein gutes Kind, das immer an mich denkt!", murmelte er dann.
Eines Tages fiel Georg das Aufstehen schwer. Waschen und
10 Rasieren fand er furchtbar lästig und es dauerte länger als sonst, bis er sich angezogen hatte. Georg verriegelte seine Haustür und beschloss, niemandem mehr zu öffnen.
Ricis schönes Päckchen kam nach einer Woche zu ihr zurück. ‚Dreimal nicht geöffnet' war auf einem aufgeklebten Zettel zu lesen.
15 Wenige Tage später kam ein Anruf. „Ricarda, mein Mädchen", so redete der Vater nur ganz selten. „Onkel Georg ist gestorben. Jetzt wissen wir auch, warum dein Marmelade-Päckchen zurückgekommen ist."
Ricarda schossen Tränen in die Augen. Einem toten Onkel konnte man keine Päckchen mehr schicken. Rici war ganz jämmerlich zumute.
20 Dann kam der Tag von Onkel Georgs Beerdigung. Rici betrat zusammen mit ihren Eltern die Friedhofskapelle. Viele alte Leute saßen dort, sie war das einzige Kind. Vorne stand auf einem Sockel eine große Holzkiste mit einem Kranz aus Blumen und Tannenzweigen darauf. Rici wusste, dass dies der Sarg war, in dem Onkel Georg nun lag. Hinter dem Sarg
25 stand Opa. Er hatte einen langen, schwarzen Mantel an und unter dem Kinn trug er etwas Weißes. Rici hatte ihren Opa noch nie als Pfarrer gesehen.
Der Großvater erzählte von Onkel Georg und von den Menschen, die er lieb gehabt hatte und die ihn liebten. Dann hielt der Großvater
30 ein Glas mit roter Marmelade hoch. „Diese Marmelade hat ihm immer so gut geschmeckt. Du, Ricarda, hast ihm mit jedem Glas von Omas

Marmelade ein Stück Erinnerung geschenkt, darum hatte dich dein Onkel Georg besonders lieb."

Nun lag Onkel Georg in diesem Sarg mit einem Kranz aus Blumen darauf. Schwarz gekleidete Männer kamen und hoben Onkel Georgs Sarg auf einen Wagen. Damit fuhren sie langsam über den Friedhof. Ganz vorne ging Opa Karl.

Rici lief an allen vorbei zu ihrem Großvater. Er fragte: „Rici, willst du mir helfen, deinen Onkel zu beerdigen?" „Ja, Opa, was muss ich denn machen?"

„Du schaufelst drei Würfe Erde in sein Grab, wenn ich es dir sage." Ricarda fand, dass das Loch sehr tief war. Die Männer ließen den Sarg ganz langsam an dicken Seilen hinab in die Grube. Dann sagte Opa Karl: „Wir begraben jetzt Georg Kolbe in Gottes Namen."

Ricarda nahm die kleine Schaufel und warf damit drei Würfe Erde hinunter. Alle traten an Onkel Georgs Grab und warfen Erde hinein, wie Ricarda es getan hatte.

Schon wieder hatte Rici Tränen in den Augen. Sie schaute zum Großvater hoch. „Hab keine Angst, Rici! Traurig sein ist wichtig und gut. Niemand muss sich schämen, wenn er weint. Wir werden Onkel Georg einen Rosenbusch auf sein Grab pflanzen und Efeu. Das würde ihm gefallen. Du wirst sehen, wie schön die Rosen blühen und wie der Efeu sein letztes Bett immergrün bedeckt." Eine Efeu-Bettdecke für Onkel Georg, die immer grün blieb, der Gedanke gefiel Ricarda.

„Geht es Onkel Georg jetzt wirklich gut?" „Ja, denn er ist aufgehoben in deiner Erinnerung. Du wirst immer wissen, wie lieb er dich hatte. Diese Liebe wirst du nie vergessen, dein ganzes Leben lang nicht." Ricarda lief zu ihren Eltern. „Wenn wir wieder zu Hause sind", sagt Rici nach einer Weile, „dann mache ich zwei große Butterbrote mit Himbeermarmelade. Eins für mich und eins für Onkel Georg."

Friedrich Karl Barth

1 Was hat dich getröstet, als du einmal traurig warst?

Kinderrechte

Am 20. November 1989 haben fast alle Staaten der Erde in einem Vertrag zehn Kinderrechte festgelegt. Damit verpflichten sie sich, die Rechte und Freiheiten der Kinder zu schützen. Zur Erinnerung daran ist der 20. November der Tag der Kinderrechte.
Als Kinder gelten in den meisten Ländern alle, die jünger als 18 Jahre sind.
Aber werden ihre Rechte auch immer und überall eingehalten?

Lina will schon lange bei der Jugendfeuerwehr in ihrem Dorf mitmachen. Aber immer hört sie: „Nein, das kannst du nicht. Du bist doch ein Mädchen."

Aber: Alle Kinder haben die gleichen Rechte.
Egal, ob sie Jungen oder Mädchen sind, egal, aus welchem Land sie stammen, welche Hautfarbe oder Religion sie haben, welche Sprache sie sprechen. Egal, ob sie gesund oder behindert sind, egal, was ihre Eltern tun. Kein Kind darf aus irgendwelchen Gründen benachteiligt werden. Alle sollen einander mit Achtung begegnen.

Jonas hat seine ältere Schwester schon ein paar Mal erwischt, wie sie heimlich die Briefe von seiner Brieffreundin gelesen hat.

Aber: Jedes Kind hat das Recht auf seinen privaten Bereich.
Dazu gehört, dass niemand seine Briefe oder Tagebücher lesen darf. Kinder haben auch das Recht auf eine ungestörte Freizeit.

Rasul ist beim Wasserholen ausgerutscht. Nun kann er nicht mehr auftreten, weil sein Bein schmerzt. Er müsste von einem Arzt untersucht werden. Doch in Afrika ist das nächste Krankenhaus oft weit und seine Eltern haben kein Geld für ein Taxi.

Aber: Jedes Kind hat das Recht auf ein Leben in Sicherheit.
Das Land, in dem das Kind geboren wird, muss dafür sorgen, dass es gut aufwachsen und überleben kann. Gleich nach der Geburt erhält jedes Kind einen Namen und eine Staatsangehörigkeit. So ist es einzigartig und kann mit niemandem verwechselt werden. Jedes Kind soll von einem Arzt behandelt werden, wenn es krank ist oder einen Unfall hat. Es hat auch ein Recht auf sauberes Wasser zum Trinken und saubere Luft zum Atmen. Manchmal gelingt das nur mit der Hilfe von reichen Ländern.

Mainya ist gerade 11 Jahre alt geworden. Schon seit mehreren Jahren arbeitet sie in Nepal als Teppichknüpferin, 16 Stunden an jedem Tag. Eine Schule konnte sie nie besuchen, deshalb kann sie nicht lesen und nicht schreiben.

Aber: Jedes Kind hat das Recht auf Bildung.
Ganz wichtig ist, dass alle Kinder gleiche Chancen in der Schule und in der Ausbildung haben. Der Schulunterricht muss also für alle kostenlos sein. Jeder soll später selbst einen Beruf wählen können.

1 Welches Kinderrecht findest du besonders wichtig? Begründe.

2 Informiere dich über weitere Kinderrechte.
www.fragfinn.de
www.helles-koepfchen.de
www.blinde-kuh.de
www.br-online.de

Kinderrechte? Davon habe ich schon gehört.

→ S. 196: Ein Referat vorbereiten

Die Waldolympiade

Einige Jungen und Mädchen aus der 4. Klasse haben sich heute wieder auf dem Waldspielplatz getroffen. Wie immer schaukeln und klettern sie. Das ist nicht besonders aufregend.
Serhat schlägt daher vor: „Wir könnten hier doch eine Olympiade
5 machen. Dazu denken wir uns verschiedene Sportarten aus.
Die muss dann jeder machen und am Ende gibt es einen Sieger."
Alle finden die Idee gut.

Nils, dem größten Jungen, fällt gleich etwas dazu ein: „Ich weiß schon was! Wir machen Schwerterkampf mit Stöcken und Wettrennen und
10 Wettklettern auf einen Baum. Es geht los, ich bin der Erste!"
„Wieso sollst nur du bestimmen dürfen? Nur weil du der Größte bist?", unterbricht ihn Ilka. Paul sagt: „Jeder von uns darf einen Vorschlag machen. Wir müssen alle damit einverstanden sein. Ich will mit Stöcken überhaupt nicht kämpfen. Aber die Bäume könnten doch Slalomstangen
15 sein, um die wir laufen müssen." Marie kann sich das auch gut vorstellen. „Genau, jeder muss um zwanzig Bäume herumlaufen. Und wir anderen zählen dabei ganz laut die Sekunden mit."

Jetzt ist Ilka ganz begeistert. „Ich kann mit meiner Uhr die Zeit stoppen. Dann wissen wir ganz genau, wer am schnellsten war.
20 Der Sieger bekommt sechs Punkte, weil wir ja zu sechst sind, und der Letzte nur noch einen Punkt." Alle nicken.

Serhat hat auch eine Idee. „Hier liegen so viele Baumstämme. Wir könnten ja darüber balancieren." „Zu leicht", meint Nils beleidigt. Jetzt kommen viele verschiedene Vorschläge. „Aber wenn wir sagen,
25 dass man sich in der Mitte umdrehen muss und dann rückwärts weitergehen …" „… oder wenn wir über ganz dünne Baumstämme balancieren …" „… oder mit geschlossenen Augen …"

Ayla fasst zusammen: „Also, wir suchen vier Baumstämme aus, von ganz dick bis dünn. Beim dicksten muss man mit geschlossenen Augen gehen, beim zweitdicksten muss man rückwärts gehen. Beim nächsten muss man in der Mitte die Richtung wechseln – und bei diesem dünnen muss man nur vorwärtsgehen."
„Und wenn man einmal auf den Boden tritt, hat man von den sechs möglichen Punkten schon einen verloren. Okay?", ruft Marie eifrig. „Ach, ist ja langweilig", meint Nils. „Dann stimmen wir halt darüber ab", schlägt Ayla vor. Der Vorschlag von Marie wird mit 4 zu 2 Stimmen angenommen.

Eine dritte Disziplin wollen sie alle noch gemeinsam vereinbaren. Marie überlegt und wirft dabei mit Fichtenzapfen durch die Gegend. „Ich hab's", ruft Paul. „Wir machen noch Zielwerfen mit Fichtenzapfen auf Baumstämme." „Und damit es nicht zu leicht wird, muss jeder von uns dreimal auf einen dicken und dreimal auf einen dünnen Baumstamm werfen", schlägt Ayla vor, „und für jeden Treffer bekommt man einen Punkt." Diesen Vorschlag finden alle gut, sogar Nils.

Nun haben sie gemeinsam drei verschiedene Sportarten für ihre Waldolympiade gefunden: Slalomlaufen, Balancieren und Zielwerfen.

„Und jeder muss seine Punkte zusammenzählen", sagt Paul. Aber das ist den anderen auch schon klar. Sieger ist natürlich der, der nach den drei Wettkämpfen die meisten Punkte hat.

Serhat schaut sich um. „Dort hinten sind verschieden hohe Baumstümpfe. Die könnten doch unser Siegertreppchen sein, oder?"

1 Was haben die Kinder getan, um Streit bei der Waldolympiade zu vermeiden?

Schmökertext

Timo und der Neue

Timo kommt eigentlich klar in der Schule. Er und seine Klassenkameraden sind keine Engel, aber meistens halten sie sich an die Regeln. Doch dann kommt Artur und alles wird anders.

Natürlich war Stuhlkippeln verboten. Timo tat es aber trotzdem, weil es so schön im Bauch kitzelte und weil es etwas Unerlaubtes war. Timo drückte die Stuhllehne noch weiter nach hinten.
In diesem Augenblick flog die Tür des Klassenzimmers auf. Ein Junge
5 von großer, kräftiger Statur preschte herein, gefolgt von Frau Dr. Elkenbach, der Schulleiterin. Timos Stuhl rutschte weg, knallte auf den Boden und Timo mit ihm – dem Großen direkt vor die Füße.
„Hi." Das breite Grinsen, das diesen kurzen Ausspruch begleitete, schien Ewigkeiten zu dauern. Timo verbiss
10 sich den Schmerz in seinem Ellenbogen. Ausgerechnet vor diesem Koloss lag er am Boden! Er rappelte sich auf und setzte sich wortlos auf seinen Stuhl, den Basti inzwischen wieder aufgestellt hatte.
15 „Das wäre wirklich nicht nötig gewesen", sagte der Große gönnerhaft. Er hörte nicht auf, so angeberisch zu grinsen.
„Ich bringe einen neuen Schüler", erklärte Frau Dr. Elkenbach.
Timo zuckte zusammen. Ausgerechnet der sollte in diese Klasse?
Frau Völker sagte: „Schön. Wie heißt du denn?"
20 Frau Dr. Elkenbach legte eine Hand auf die Schulter des Jungen.
„Das ist Anton", sagte sie, „und er kommt aus …"
„Artur", brüllte der Grinser los. Er pflanzte sich fast drohend vor der Schulleiterin auf. „Mein Name ist Artur!"
Einigen rutschte ein Lachen heraus.
25 „Nun gut, also Artur", sagte Frau Dr. Elkenbach lächelnd.
„Cool, der Typ", flüsterte Timo Basti zu. „Ein Angeber, aber …"
Er suchte nach einem passenden Wort, fand aber keins außer „cool!".
Artur wandte sich zu Frau Völker, streckte ihr die Hand entgegen und

sagte strahlend: „Herzlichen Glückwunsch! Weil sie mich jetzt
in Ihrer Klasse haben."
Artur blickte sich um, als suche er einen freien Platz, und da er auf Anhieb keinen fand, setzte er sich vor Timo und Basti auf deren Tisch. „Das geht so nicht", sagte Frau Völker. Artur lächelte: „Doch, das geht. Der hier mag mich nämlich." Er drehte sich zu Timo um. „Er lag mir doch schon zu Füßen."
In diesem Augenblick wusste Timo, dass von nun an nichts mehr so sein würde wie vorher. Er war sich nur noch nicht sicher, ob das Neue gut und aufregend sein würde oder eher ... ja wie?
„Du magst mich doch, oder?", fragte Artur von oben herab. „Oder?"
Timo lehnte sich zurück, verschränkte die Arme vor der Brust und sagte so ruhig wie möglich: „Kann schon sein. Aber bestimmt nicht, solange du auf meinem Tisch sitzt."
Um Arturs Mund zuckte es, aber dann stand er auf. „Wohin?", fragte er Frau Völker.
Frau Völker nahm Arturs Arm und drückte ihn ein wenig auf den freien Stuhl neben Mona, die rasch zur Seite rückte. Mona war erst seit einer Woche in der Klasse und noch ein wenig schüchtern.
Artur dachte nicht daran, sitzen zu bleiben. Er stand sofort wieder auf und stellte sich neben den Tisch.
„Ich setz mich nicht neben ..." Er machte eine Pause und blickte abfällig auf Mona. „Ich sitz doch nicht neben Weibern." Das Lachen in der Klasse wurde lauter, aber nur für einen Moment, dann ging es über in ein Gemurmel und verstummte schließlich ganz.
Timo stand langsam auf. Er sagte nichts, als Basti ihm ein leises „Tu mir das bloß nicht an" zuflüsterte. Er ging mit seinen Sachen auf Monas Tisch zu, stieß Artur mit der Schulter zur Seite und setzte sich auf den freien Stuhl neben Mona. Artur blieb überrascht und unschlüssig stehen. Er schien zu spüren, dass er im Augenblick keine Bewunderung mehr zu erwarten hatte. Also konnte er sich ohne weitere Show auf dem nun freien Stuhl neben Basti niederlassen.

Regina Rusch, Iris Hardt

➡ S. 199: Ein Hörspiel aufnehmen

Auf dem Weg zum Leseprofi

Sich vor dem Lesen Gedanken zum Text machen

Oft weißt du zu einem Thema schon einiges.
Dieses Wissen lenkt deine Gedanken in eine bestimmte Richtung.

So schaffst du das

- Überlege, was du zu dem Thema schon weißt.
- Was erwartest du von dem Text? Notiere dir Stichwörter dazu.
- Lies den Text.
- Vergleiche anschließend deine Erwartungen mit den Informationen aus dem Text.

Notiere deine Erwartungen zum Thema Klassenrat auf einem Stichwortzettel oder in einem Cluster.

Der Klassenrat

Jeden Donnerstag in der ersten Stunde findet in der 4c der Klassenrat statt. Dann werden Wünsche oder Klagen besprochen, die in den letzten Tagen von den Kindern in den Briefkasten geworfen wurden.

Die Jungen lassen mich nicht mitmachen, wenn sie Fußballbilder tauschen.
Max

Wir wollen nicht, dass Paul uns immer hinterherläuft.
Lisa, Babsi und Tina

Beim Klassenrat sind alle Kinder der Klasse, ihre Klassenlehrerin und manchmal auch andere Lehrer dabei, die in der Klasse unterrichten.

Alle treffen sich im Stuhlkreis, damit sie sich beim Sprechen anschauen können.
In der Mitte des Stuhlkreises liegt das Poster mit den Regeln.
Diese Regeln haben die Kinder gemeinsam festgelegt und jeder hat sie unterschrieben.

Regeln für den Klassenrat
- Der Präsident erteilt das Wort.
- Ein Kind redet, die anderen hören zu.
- Wir sprechen nur zum Thema.
- Jeder hat die gleiche Redezeit.
- Wir sprechen sachlich und beleidigen uns nicht.
- Bei Abstimmungen sind alle gleichberechtigt.

Tagesordnung
- Begrüßung
- Beschwerden und Wünsche
- Vorschläge und Abstimmung
- Frau Berger berichtet: Klassenausflug

Jedes Kind ist reihum einmal Präsident des Klassenrats.
Seine Aufgabe ist es, den Klassenrat nach den gemeinsam vereinbarten Regeln zu leiten.
Die Tagesordnung hat der Präsident an die Tafel geschrieben.

Wenn sie sich nicht auf einen Vorschlag einigen können, wird abgestimmt. Dabei hat jeder eine Stimme, auch die Lehrerin.
Lösungen werden aufgeschrieben und für alle sichtbar aufgehängt.
Der Präsident achtet darauf, dass der Klassenrat pünktlich beendet wird.

Paul verspricht, die Mädchen in Ruhe zu lassen.

Leo und Amir nehmen Max mit, wenn sie mit anderen Fußballbilder tauschen.

Die Schüler der 4c finden es gut, dass sie im Klassenrat offen über ihre Wünsche und Probleme sprechen können. So versuchen sie, Konflikte selbst zu lösen. Das ist wichtig, denn alle sollen sich in der Klasse wohlfühlen.

Unsere Heimat – unsere Welt

To everyone in all the world

Text und Musik: Pete Seeger

Je - dem Men - schen auf der Welt reich ich die Hand und schüt - tel sie. Je - dem Men - schen auf der Welt reich ich die Hand. Schau her! Al - le zu - sam - men, die gan - ze wei - te Welt. Ich kenn nicht dei - ne Spra - chen, doch ich kann herz - lich la - chen, e - gal in wel - chem Land, reich mir die Hand.

To ev'ryone in all the world I reach my hand, I shake their hand.
To ev'ryone in all the world I shake my hand like this.
All, all together, the whole wide world around.
I may not know your lingo, but I can say by jingo,
no matter where you live we can shake hands.

Spiele mit Steinen

aus Indonesien
Mitspieler: 2 – 4
Material: kleine Steinchen

Wolak-walik

Ein Spieler lässt die kleinen Steinchen auf den Boden fallen. Dann nimmt er einen Stein und wirft ihn in die Höhe. Während der Stein sich in der Luft befindet, hebt der Spieler einen weiteren Stein vom Boden auf und fängt mit der gleichen Hand den fallenden Stein auf. Jetzt hat er zwei Steine in einer Hand. Nun sind die anderen Spieler an der Reihe. In der zweiten Runde muss jeder gleichzeitig zwei Steine aufheben. In jeder Runde kommt ein Stein dazu. Nicht vergessen: Dafür darf man immer nur eine Hand benutzen! Wer die Steine nicht rechtzeitig aufnimmt und dann den fallenden Stein fängt, scheidet aus.

Dabei darf man sich nicht verzählen.

aus Afrika
Mitspieler: mindestens 2
Material: 10 Steine und ein Wurfstein, Kreis auf dem Boden

Ngoli

In die Mitte des Kreises werden 10 Steine gelegt. In mindestens 2 Metern Entfernung wird eine Abwurfstelle markiert. Der erste Spieler wirft von der Abwurfstelle den Wurfstein in den Kreis und versucht dabei, die im Kreis liegenden Steine herauszustoßen. Gelingt dies bei einem oder mehreren Steinen, gehören sie dem Werfer, der gleich noch einmal an der Reihe ist. Wirft er daneben oder die getroffenen Steine bleiben innerhalb des Kreises liegen, darf der nächste Spieler werfen. Gewonnen hat, wer am Ende die meisten Steine eingesammelt hat.

 1 Sammle Spiele aus aller Welt.

Wonn Brett

Julia macht mit ihrer Familie Urlaub auf den britischen Shetland-Inseln.

„Wir brauchen Brot und Butter … und Erdbeermarmelade", sagt Mama.
„Ich gehe das Brot kaufen", sagt Julia. Alle starren sie an.
„Ja, kannst du denn plötzlich Englisch?", fragt Papa.
„Ein bisschen", antwortet Julia. „O.K.", meint Papa zögernd.
5 „Du musst sagen: One bread and jam and butter. Thank you very much",
erklärt Mama und drückt Julia eine Stofftasche in die Hand.
„Das Letzte heißt Vielen Dank."
„Logo", sagt Julia. „Wonn Brett ent Dschäm ent Batta. Senk ju."
„Der Laden heißt the shop", fügt Robin angeberisch hinzu. Er hat
10 in der Schule schon Englisch. „Und ich suche heißt I'm looking for."
„Pfft", macht Julia abschätzig. „Eim lucking for se schop.
Ist ja babyleicht."

Draußen scheint die Sonne, aber vom Meer her pustet ein kalter Wind.
Er schmeckt salzig und nach Ferien. Julia singt vor sich hin und
15 schlenkert mit der Tasche. Sie sieht sich um und ist sich nicht mehr
ganz sicher, ob der Weg richtig ist. Ein Mann kommt ihr entgegen.
Den könnte sie ja fragen. Aber wie hieß das nochmal?
„Eim lucking forward stop." Der Mann runzelt die Stirn.
„Stop?", wiederholt Julia etwas unsicher. „Mop? Flop?"
20 Er reibt nachdenklich seinen Stoppelbart und betrachtet Julias
Einkaufstasche. „Aah!", sagt er schließlich „You're looking for a shop.
Come." Und er macht so eine Bewegung, als sollte Julia ihm folgen.
„Ich will keinen Kamm!", ruft sie und rennt dem Mann hinterher.
„Ich brauch Brett! Und Schatta! Oder war's Bratta?" Der Mann
25 bleibt stehen und deutet auf ein Haus, an dem ein Schild hängt: SHOP.
„Danke", jubelt Julia. „Stenk ju! Stenk ju wer im Matsch!"
Dann steigt sie die drei ausgetretenen Stufen zum Laden hoch und
schluckt. Hinter der Verkaufstheke steht eine sehr dicke Frau
in einer weißrosa gestreiften Kittelschürze.

30 Ein älterer Mann trinkt Kaffee. Neben ihm lehnt ein Junge
in einem ausgeleierten Wollpullover und kaut Kaugummi.
Vor Aufregung hat sie total vergessen, was sie sagen sollte.
„Eim loosing …", beginnt sie. „Eim loosing fat! Nein, red! Änts!"
Was hieß noch mal gleich Marmelade? „Marmeläd?", rät Julia.
35 Jetzt nickt die Schürzenfrau und gibt Julia eine Dose mit einer
Orange drauf. „Haben sie auch rote Marmeläd?", will Julia wissen.
„Road Marmeläd?" „Road Marmeläd?", fragt die Frau und
schüttelt den Kopf.
„Schade", seufzt Julia und schaut sich im Laden um.
40 „Jetzt brauch ich noch lucking for srett", sagt Julia.
„Thread?", fragt die Frau und hält eine Rolle blaues Nähgarn hoch.
„Nein, doch kein Garn!", ruft Julia verzweifelt. „Sollen wir das Garn
zum Frühstück essen?" Sie versucht es ein letztes Mal.
„Eim looking for häm on se bett ent … ent won lämp!"
45 Da bricht der Junge in lautes Gelächter aus. Die dicke Frau
und der alte Mann stimmen mit ein. Julia spürt, wie sie rot wird.
„Was genau", sagt der Junge plötzlich, „willst du denn kaufen?"
„Brot und Butter und Erdbeermarmelade!", antwortet Julia.
„Wieso kannst du Deutsch?"
50 „Meine Mutter ist aus Deutschland", sagt der Junge und lächelt.
„Du hast gesagt, du würdest Fett verlieren. Und rote Ameisen.
Und dass du Straßenmarmelade willst. Und, du würdest Schinken
auf dem Bett suchen und eine Lampe." Da muss Julia so sehr lachen,
dass ihr der Bauch weh tut.

Antonia Michaelis

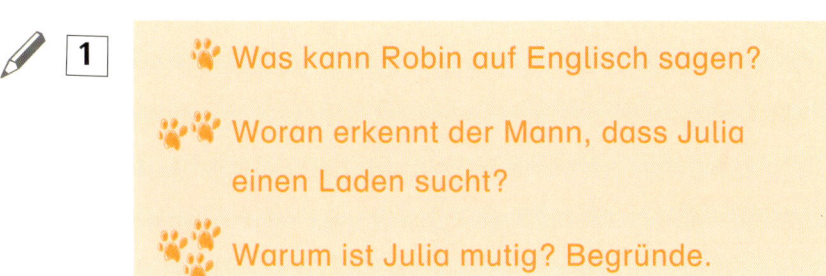

1
- Was kann Robin auf Englisch sagen?
- Woran erkennt der Mann, dass Julia einen Laden sucht?
- Warum ist Julia mutig? Begründe.

→ S. 195: Einen Text in der Ich-Form schreiben
S. 201: Theater spielen

Leben in Japan

Erdbebenalarm in Tokio

Die Schutzmützen sehen aus wie Kissen aus einem Puppenwagen, doch zum Lachen ist den Schülern der Grundschule in Tokio nicht zumute. Zusammengekauert ducken sie sich unter ihren Schulbänken und warten auf die Anweisungen ihrer Lehrer. Zum Glück ist dieser Erdbebenalarm nur eine Übung. Doch jedes Kind in Japan weiß, wie schnell daraus Ernst werden kann. Japan liegt in einer Region, in der drei Erdplatten aneinanderstoßen. Die Spannung im Boden wächst täglich. Immer wieder kann ein Erdbeben kommen, Häuser und Brücken zum Einsturz bringen. Um gut auf das nächste Beben vorbereitet zu sein, finden an jedem 1. September im ganzen Land Übungen statt. So lernen auch schon die Kinder, was zu tun ist, wenn das Klassenzimmer plötzlich wackelt, die Wände knirschen und die Lampen von der Decke fallen.

Nationalsport Sumo-Ringen

Sumo ist Japans Nationalsport. Gekämpft wird nur mit einem Lendenschurz bekleidet und die langen Haare der Kämpfer werden zu einem

Knoten am Kopf festgebunden. Für einen Sumo-Ringer ist es sehr wichtig, das Gleichgewicht halten zu können. Es hat nämlich der verloren, der umgeschubst oder aus dem Ring gedrängt wird. Deswegen sind Sumo-Ringer auch 100 bis 200 Kilogramm schwer. Erfolgreiche Ringer werden in Japan als Helden gefeiert. Bis ein Junge mit diesem Sport beginnen kann, muss er 15 oder 16 Jahre alt sein. In den Ferien werden oft Schnupperkurse für Kinder angeboten.

Essen in Japan

Zu jedem Gericht, das in Japan gegessen wird, gibt es Reis. Der ungekochte Reis heißt *kome* (米) und der gekochte *han, ii* oder *gohan* (御飯). Die Japaner essen viel Fisch und Meeresfrüchte, oft auch roh. Außerdem wird viel frisches Gemüse zubereitet. Es werden wenig Öl und Gewürze verwendet, damit der Eigengeschmack der Lebensmittel besser erhalten bleibt.

In Japan wird, wie in den meisten asiatischen Ländern, mit Stäbchen gegessen. Mithilfe dieser Anleitung kannst du es ausprobieren:

- Ein Stäbchen wird fest in die Mulde zwischen Daumen und Zeigefinger gelegt, mit dem Daumen festgeklemmt und auf den Ringfinger gelegt. Dieses Stäbchen wird beim Essen nicht bewegt.

- Das zweite Stäbchen wird wie ein Bleistift mit Daumen und Zeigefinger gehalten. Man kann auch noch den Mittelfinger zu Hilfe nehmen. Dieses Stäbchen bleibt somit beweglich.

- Um Essen aufnehmen zu können, wird die Spitze des beweglichen Stäbchens zur Spitze des anderen Stäbchens in eine V-Stellung gebracht. Auch einzelne Reiskörner können so hochgehoben werden.

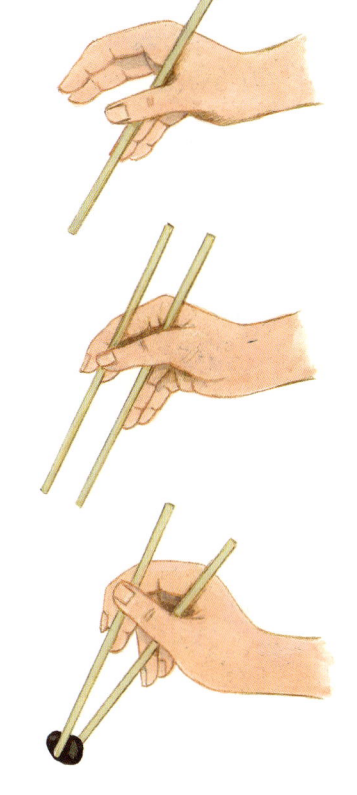

| 1 | Probiere mit Stäbchen zu essen.
| 2 | Informiere dich über Japan.
www.helles-koepfchen.de
www.geo.de/GEOlino

Mandela und Nelson

Mandela und Nelson sind Zwillinge und leben in Ostafrika. Beide spielen gern und gut Fußball, Nelson ist sogar der Kapitän der Fußballmannschaft des Dorfes. Außer Mandela spielen noch zwei weitere Mädchen mit. Eines Tages kommt eine Jungenfußballmannschaft aus Deutschland in das nahe gelegene Hotel. Ein Freundschaftsspiel ist geplant. Nelson bespricht mit seiner Mannschaft die Vorbereitungen.

„Freunde, in drei Tagen findet unser großes Spiel gegen eine Mannschaft aus Deutschland statt. Das ist eine einmalige Herausforderung und eine Chance, aller Welt zu zeigen, was wir können."
Ich hielt inne, weil ich den Eindruck hatte, dass niemand richtig zuhörte.
5 Ich musste mich wohl zuerst den praktischen Sachen zuwenden.
„Wo kriegen wir Netze für das Tor her? Wer hat eine Idee?"
Mandela stand auf, setzte sich neben mich, so als sei sie stellvertretende Spielführerin, und ergriff das Wort. Das war mir nur recht, denn ich hatte noch keine Vorstellung, wie wir die vielen Probleme lösen konnten.
10 „Im Hafen liegt ein großer Berg zerrissener Fischernetze, die gammeln da vor sich hin und werden nicht mehr gebraucht. Wenn wir sie doppelt und dreifach nehmen und an das Tor nageln, könnte es gehen", schlug sie vor.
Ich fand, das war eine geniale Idee. Mandela war noch nicht fertig.
15 „Das machen Hanan, Hanifa und ich. Wahrscheinlich müssen wir sie richtig fest zusammennähen, damit sie bei scharfen Schüssen halten. Ich sage euch eins: Ohne vernünftige Netze müsst ihr auf mich verzichten. Das ist schließlich ein richtiges Länderspiel!"
Daran hatte ich noch gar nicht gedacht und jetzt stieg mir vor
20 Aufregung das Blut in den Kopf.
„Ein Länderspiel gegen die Mehlsäcke!", sagte Tutupa und lachte.
Da musste ich eingreifen.
„Mehlsäcke sagt man nicht!", ereiferte ich mich. „Das ist beleidigend! Wo hast du
25 den Ausdruck überhaupt her?"

„Mein Papa nennt die Weißen so", erklärte Tutupa. „Ein weißer Tourist hat ihn mal Kohlenkasten genannt. Seitdem sind die Weißen für ihn Mehlsäcke."

Gegen das Gelächter kam ich im Augenblick nicht an. Auch ich fand Tutupas Erklärung eigentlich ganz witzig, aber solche Ausdrücke konnten wir nicht dulden.

„Dann nennen wir sie eben Mzungu* wie alle hier", schlug Mandela vor. Damit ließ ich das Thema einfach fallen und wandte mich der nächsten Aufgabe zu:

„Als Nächstes müssen wir uns um die Seitenlinien kümmern und um den Strafraum. Wo kriegen wir Kreide und Kalk her?"

„Wie groß muss so ein Platz überhaupt sein?", fragte Omari.

Meine Ratlosigkeit bemerkte keiner, weil genau in diesem Moment eine Kuhherde über den Platz getrieben wurde. Auch so etwas mussten wir verhindern, während das Spiel stattfand.

„Ich erkundige mich", und wiederholte meine Frage. „Wo kriegen wir Kreide her?"

Großes Schweigen und auch ich hatte keine Ahnung. Zu meiner Überraschung machte Mirambo einen Vorschlag: „Sand!"

„Wie? Sand?", fragten alle in der Runde. „Sand!", murmelte er noch einmal. Mir dämmerte, was er gemeint haben könnte.

„Du meinst, wir sollten die Seitenlinien und den Strafraum mit Sand markieren?" Er nickte. Ich fand seine Idee fabelhaft. Der Sand bei uns am Strand ist so weiß, dass es funktionieren könnte.

„Das ist eine sehr gute Idee. Wo kriegen wir eine Karre her, wir werden eine Menge Sand brauchen?" „Müllabfuhr", sagte Mirambo.

„Du denkst an die hölzernen Handkarren, mit denen manche Leute ihren Müll auf die Kippe bringen?", fragte ich. „Kannst du sie bis morgen beschaffen?"

„Geht in Ordnung, Chef", erwiderte er.

„Bis morgen weiß ich auch, wie groß der Platz sein muss."

Fips erklärt

Mzungu: Bezeichnung für alle Weißen in der afrikanischen Sprache Kisuaheli

Da stand Mirambo auf, lief zu einem der Tore und schritt langsam
60 auf das andere zu. Ganz konzentriert und gleichmäßig.
Als er das gegenüberliegende Tor erreicht hatte, hielt er inne.
„Einhundertzehn Meter!", murmelte er.
„Bist du sicher?", fragte ich ihn. Mirambo nickte. Konnte ich mich
darauf verlassen? Ich brauchte unbedingt ein Messband zur Kontrolle.

65 Unsere drei Spielerinnen hatten einen
Berg alter Fischernetze herbeigeschafft und
waren dabei, sie mit Tauen und Nägeln
an den Torlatten zu befestigen. Hinter dem
Tor stand eine Karre mit weißem Sand.
70 Yakobo lag genau dort auf dem Boden, wo
ich einen Stein für die Eckfahne hingelegt hatte. Am anderen Ende
stand Omari. „Es muss eine gerade Linie werden!", schrie er.
Wortlos zog Mirambo mit der Karre los. Jetzt sah ich, dass er eine
grüne Plastikgießkanne mitgebracht hatte, ohne die Brause, die das
75 Wasser verteilt. Er füllte sie immer wieder mit Sand und ließ ihn
gleichmäßig durch den Gießkannenhals fließen. Mirambo ging
ganz langsam, den Blick auf Omari gerichtet. Die weiße Linie wurde
länger und länger – und schnurgerade!
„Gerader kriegen die in Europa eine Linie auch nicht hin", sagte er
80 zufrieden. Dann machte er sich an die erste Torlinie.
Yakobo stellte sich zu mir.
„Wir müssen den Platz bis zum Spiel absperren! Wenn hier eine
Kuhherde drüberlatscht, ist alles hinüber."

Hermann Schulz

1 Warum ist die Vorbereitung des Fußballspiels so schwierig?

2 Wie könnte die Geschichte weitergehen?

3 Informiere dich über Nelson Mandela.
www.news-4kids.de
www.lilipuz.de

Kennst du dich aus?

Viele Menschen sind mit Zügen oder Flugzeugen unterwegs. Wenn sie starten oder ankommen, müssen sich auf den Bahnhöfen und Flughäfen zurechtfinden können. Deshalb gibt es dort Hinweisschilder mit eindeutigen Zeichen. Man kann sie verstehen, egal, welche Sprache man spricht. Diese Zeichen heißen Piktogramme. Wenn du die Toilette suchst, folgst du zum Beispiel diesen Zeichen:

1 Erklärt euch gegenseitig die Piktogramme im Bild.

2 Erfinde selbst ein Piktogramm für den Schulhof, zum Beispiel für den Ruhebereich oder den Fußballbereich.

Eine Reise nach Berlin

Fast 14 000 Tiere leben im **Zoologischen Garten.** Berühmt wurde er durch Eisbär Knut, der mittlerweile ein ausgewachsenes Raubtier ist. Doch auch viele andere Tiere faszinieren, etwa die Gorillas und Schimpansen im Affen- oder die Flughunde im Nachttierhaus. Jedes Jahr gibt es viele Jungtiere zu sehen. Es gibt auch noch Tiere zum Anfassen: Im Streichelzoo fressen freche Ziegen den Kindern das Futter vom Automaten aus der Hand.

Eine der weltweit größten Sammlungen zur Technikgeschichte fasziniert jedes Jahr Zehntausende Besucher im **Deutschen Technikmuseum.** Hunderte von historischen Maschinen, Autos, Flugzeugen, Schiffen und Lokomotiven sind hier ausgestellt. Auch Schauwerkstätten gibt es, in denen man allerhand ausprobieren kann. Schon in der Eingangshalle rattert ein mechanischer Bandwebstuhl von 1920 und ein Dieselmotor von 1921 zischt.

Im größten **Freizeit- und Erholungszentrum** Europas (FEZ) im Berliner Stadtteil Köpenick gibt es Werkstätten, Theater, Kinderkino und kreative Mitmachausstellungen. An der frischen Luft locken ein Kletterturm sowie die „Ökoinsel" mit grünem Klassenzimmer, Bienenhof, Lehmbackofen und Schaubeeten. Praktisch ist auch, dass das FEZ direkt in einem der größten Parks der Stadt liegt. Ein Badesee mit Sandstrand lädt zum Schwimmen ein.

Südlich von Berlin ist der **Filmpark Babelsberg.** Stuntshows und gespielte Schießereien vor einer Westernkulisse gilt es zu bestaunen. Auch Fernsehsendungen sind Thema: Der Bauwagen der Sendung „Löwenzahn" etwa. Besucher erfahren von Profis, was man als Nachrichtensprecher zu tun hat. Mehrere Restaurants auf dem Gelände laden zur Einkehr ein.

Was kann ich in Berlin noch machen? Ich will auch noch im Reiseführer nachsehen.

Max und Sophie waren mit ihren Eltern in Deutschlands Hauptstadt, in Berlin. Mit einem Familien-Reiseführer haben sie vorher geplant, was sie besichtigen wollen. Anschließend berichten sie von ihren Erlebnissen in Berlin.

Schon beim Anflug auf den Flughafen Berlin-Tegel haben wir den Berliner Fernsehturm gesehen. Mama wusste, dass er das höchste Bauwerk in Deutschland ist: Er ist 368 m hoch. Die Aussichtskanzel in der Kugel befindet sich auf 203 m Höhe.
5 In 40 Sekunden sind wir mit dem Aufzug hochgefahren. Weil das Wetter so gut war, konnten wir 40 km weit über Berlin sehen. Über der Aussichtskanzel ist das Telecafé. Es dreht sich in einer halben Stunde einmal rundherum. Wir haben dort ein Eis gegessen und konnten in dieser
10 halben Stunde einmal über ganz Berlin schauen.

Wir hätten nie gedacht, dass der erste Computer der Welt in Berlin steht, nämlich im Technikmuseum. Eigentlich konnten wir uns unter einem Technikmuseum gar nichts vorstellen, aber das alte Flugzeug über dem Eingang hat uns gleich interessiert. Viele Dampfloks stehen
15 in einem alten Lokschuppen, in manche darf man sogar hineinklettern. In einem anderen Raum konnten wir zuschauen, wie früher auf den alten Webstühlen Stoffe hergestellt wurden. Das war vielleicht eine Arbeit! Vieles darf man in diesem Museum auch selbst ausprobieren. Wir haben Papier hergestellt und in einer alten Druckerei unsere
20 Namen auf verschiedene Weise gedruckt. Schade, dass die Zeit so knapp war, wir hätten gerne auch noch andere Versuche gemacht. Auch für die Raumfahrtabteilung hatten wir nicht mehr viel Zeit. Und gerade da gab es so viele interessante Sachen. Bei unserem nächsten Berlinbesuch möchten wir unbedingt wieder ins Technik-
25 museum gehen.

1 Was würdest du Max und Sophie in deinem Ort zeigen? Schreibe auf.

Schmökertext

Flieger am Himmel

In dem Land, aus dem ich komme, hatten wir
einen Garten. Es war ein Garten mit hohen Büschen darum,
und er war riesengroß. In dem Garten wuchsen Blumen und
es wohnten Käfer und Vögel darin. Es duftete dort fast immer
5 nach Sommer – und nach Erde, wenn Regen fiel.
Meine Freundinnen und ich breiteten Decken aus. Wir hatten unsere
Puppen dabei und Tüten mit Puppensachen.
Wenn ich an unseren Garten denke, wird es Sommer in meinem Bauch.
Dann kribbelt es in ihm wie früher in meinen Händen, wenn ich
10 Grashüpfer darin hielt.

Jeden Abend, wenn ich in meinem Bett liege, schließe ich die Augen,
um den Garten hervorzuzaubern. Dann kann ich die Sterne sehen
und ich höre das Rascheln der Tiere im Gras und ich spüre eine
kühle Hand fest in meiner. Es ist die meiner besten Freundin Sanja,
15 die im Dunkeln neben mir liegt.
Doch wenn ich morgens die Augen öffne, habe ich oft geweint.
Ich glaube, das Weinen beginnt, wenn ich von unserem Garten träume.

Es ist immer derselbe Traum:
Sanja und ich sind dabei, unsere Puppen zu baden, als die Sonne
20 auf einmal verschwindet. Ein Wind beginnt zu wehen und wir sehen
zum Himmel, der plötzlich voller Flugzeuge ist. Sie kreisen über uns
wie ein dunkler Schwarm Mücken.
Dann beginnen sie Steine zu werfen, große schwarze Brocken.
Einer von ihnen trifft unseren Garten und wo gerade noch Blumen
25 waren, ist jetzt ein riesiges Loch.
„Lass uns weglaufen", rufe ich im Traum zu Sanja, doch Sanja liegt da
und schläft. In der Hand hält sie noch eine Puppe.
Ich rüttle und schüttle Sanja, die einfach nicht aufwachen will.
„Komm, Sanja! Wir müssen uns verstecken! Die Flugzeuge machen
30 mir Angst!"

Doch auch Sanja macht mir jetzt Angst, warum öffnet sie ihre Augen
nicht? Ich muss sie liegen lassen, dort unter dem Baum, und renne
allein weg. An dieser Stelle beginne ich zu weinen, denn jede Nacht
wieder begreife ich zum ersten Mal: Ich werde Sanja nie wiedersehen.
35 An dieser Stelle hört der Traum auf, doch wenn ich die Augen öffne,
weine ich immer noch.

In dem Land, ich dem ich jetzt lebe, haben wir einen Balkon.
Wir wohnen in einem Haus mit vielen Etagen. Auf dem Balkon
wachsen gelbe Stiefmütterchen.
40 In dem Land, in dem ich jetzt lebe,
fallen keine Steine vom Himmel,
doch dafür regnet es viel.
Ich habe versucht, eine Decke auf den
Balkon zu legen. Ich habe Sanjas Puppe
45 geholt. Doch ich wurde nur traurig dabei.
Dann ist es besser, vom Balkon auf die
Gärten zu sehen, in denen die Bäume auch
hier im Frühling weiß und zartrosa blühen.
Nun hängen sie voller Äpfel und Pflaumen
50 und oft kann ich Kinder sehen, die in einem
der Gärten spielen.
Wenn sie wüssten, dass ich zu ihnen
hinuntersehe … Wenn sie wüssten, dass
auch ich einmal einen Garten hatte …
55 Ich möchte es ihnen so gerne erzählen, aber
ich bin fremd hier und traue mich nicht.

Mein großer Bruder kam zu mir auf den Balkon.
„Weißt du, wie man Flugzeuge baut?", fragte er. Ich schüttelte den Kopf.
„Ich will keine Flugzeuge bauen. Die werfen nur Steine vom Himmel."
60 „Nicht solche Flugzeuge", sagte mein Bruder. „Wir basteln sie aus Papier."
Er hatte weißes Papier mitgebracht, das er nun zusammenfaltete,
bis es wirklich ein Flieger war.

„Du musst mir helfen, noch mehr zu machen", sagte er und zeigte mir, wie das ging.

„Nun schreiben wir eine Nachricht darauf", sagte er und lächelte geheimnisvoll.

„Wollen wir heimliche Nachrichten verschicken?", fragte ich. „Lassen wir die Flugzeuge fliegen?"

Genau das taten wir. Bald flatterten die vielen Papierflieger vor unserem Haus. Sie tanzten durch die Luft und der Wind trug sie mit sich.

Die meisten stürzten irgendwann ab und landeten auf der Straße.

Aber drei von ihnen schafften es dorthin, wo die Gärten sind.

Zwei von ihnen blieben in einem Apfelbaum hängen, der dritte, der Allerletzte, erreichte schlingernd sein Ziel. Er blieb in einem Blumenbeet liegen. Zwei Mädchen eilten darauf zu. Sie hoben ihn auf und buchstabierten die heimliche Botschaft. Dann sahen sie zu mir hinauf. Ich versteckte mich blitzschnell hinter den Stiefmütterchen.

„Was hast du auf die Flugzeuge geschrieben?", frage ich flüsternd meinen Bruder.

„Dort steht, wie du heißt und wo du wohnst. Dort steht, an welcher Tür sie klingeln müssen, wenn sie dich holen wollen."

„Zum Spielen? In ihren Garten?"

Mein Bruder nickte und in meinem Bauch wurde es Sommer.
Mein Herz begann heftig zu schlagen, es hüpfte froh wie ein Ball. Und es hüpft auch jetzt, während ich Sanjas Puppe ein neues Kleid anziehe. Sanja kann nicht mehr mitkommen, wenn jemand klingelt, aber ihre Puppe kann.

Annette Herzog, Katrine Clante

Wirf mir den Ball zurück, Mitura!

Ich werfe meinen Ball, meinen gelben Ball.
Er fliegt über Häuser und Bäume.
Er fliegt über Berge und Täler, weit, weit, weit.
Du fängst ihn und sagst „palla",
das heißt Ball,
du sagst „giallo", das heißt gelb,
du sagst „amico", das heißt Freund.
Und du wirfst mir den Ball zurück,
mein Freund aus Italien.

Ich werfe meinen Ball, meinen gelben Ball.
Er fliegt über Häuser und Bäume.
Er fliegt über Felder und Wälder, weit, weit, weit.
Du fängst ihn und sagst „pie-uka",
das heißt Ball,
du sagst „djuuta", das heißt gelb,
du sagst „pschyjazjel", das heißt Freund.
Und du wirfst mir den Ball zurück,
mein Freund aus Polen.

Ich werfe meinen Ball, meinen gelben Ball.
Er fliegt über Häuser und Bäume.
Er fliegt über Länder und Meere, weit, weit, weit.
Du fängst ihn und sagst „bole",
das heißt Ball,
du sagst „kaha", das heißt gelb,
du sagst „mitura", das heißt Freund.
Und du wirfst mir den Ball zurück,
mein Freund aus Sri Lanka.

Ilse Kleberger

1 Schreibe eine Strophe mit englischen Wörtern.

Auf dem Weg zum Leseprofi

Das passende Buch auswählen

Wenn du eine bestimmte Information suchst, musst du vor dem Lesen überlegen, in welchem Buch du sie finden kannst.

So schaffst du das

- Lies den Titel des Buches und den Klappentext.
- Suche im Inhaltsverzeichnis das passende Kapitel.
- Schlage die angegebenen Seiten auf und überfliege den Text, ob er passende Informationen zu deinem Thema enthält.

In welchem Buch findest du ein Rezept für eine spanische Paella ohne Fleisch?

Kinder Europas kochen

Kinder aus Europa stellen ihre Lieblingsrezepte vor:
- mit Foto zu jedem Gericht
- einfach nachzukochen
- schnell und lecker

Rezepte aus aller Welt

Komm mit auf die Reise in die unterschiedlichsten Küchen der ganzen Welt.
Eine bunte Rezeptsammlung aus vielen Ländern und Kontinenten lädt dich zum Nachkochen ein.

Inhalt

Schweden 32

Schweiz 36

Spanien 44
- *Churros* 44
- *Paella* 46
- *Tortilla Española* 48
- *Tapas* 49

Ungarn 50

Inhalt

EUROPA

Deutschland 26

Italien 36

Spanien 50
- *Paella* 52
- *Tortilla Española* 54
- *Tapas* 56

Paella

- 150 g Reis
- 250 ml Gemüsebrühe
- Safran
- Salz
- 2 Zwiebeln
- 1 rote Paprika
- 1 grüne Paprika
- 100 g Hähnchenbrustfilet
- 300 g Miesmuscheln
- 150 g geschälte Garnelenschwänze
- 100 g Erbsen
- 50 g Mais
- Pfeffer

Paella

- 120 g Reis
- 250 ml Gemüsebrühe
- 1 EL Olivenöl
- 1 Zwiebel
- 3 Zehen Knoblauch
- 1 rote Paprika
- 1 grüne Paprika
- 1 große Tomate
- 1 Tasse Erbsen
- 1 Tasse Artischockenherzen
- 1 TL Salz
- 1 EL Paprikapulver
- 1 TL Safran

Arbeiten und erfinden

Fantastische Maschinen

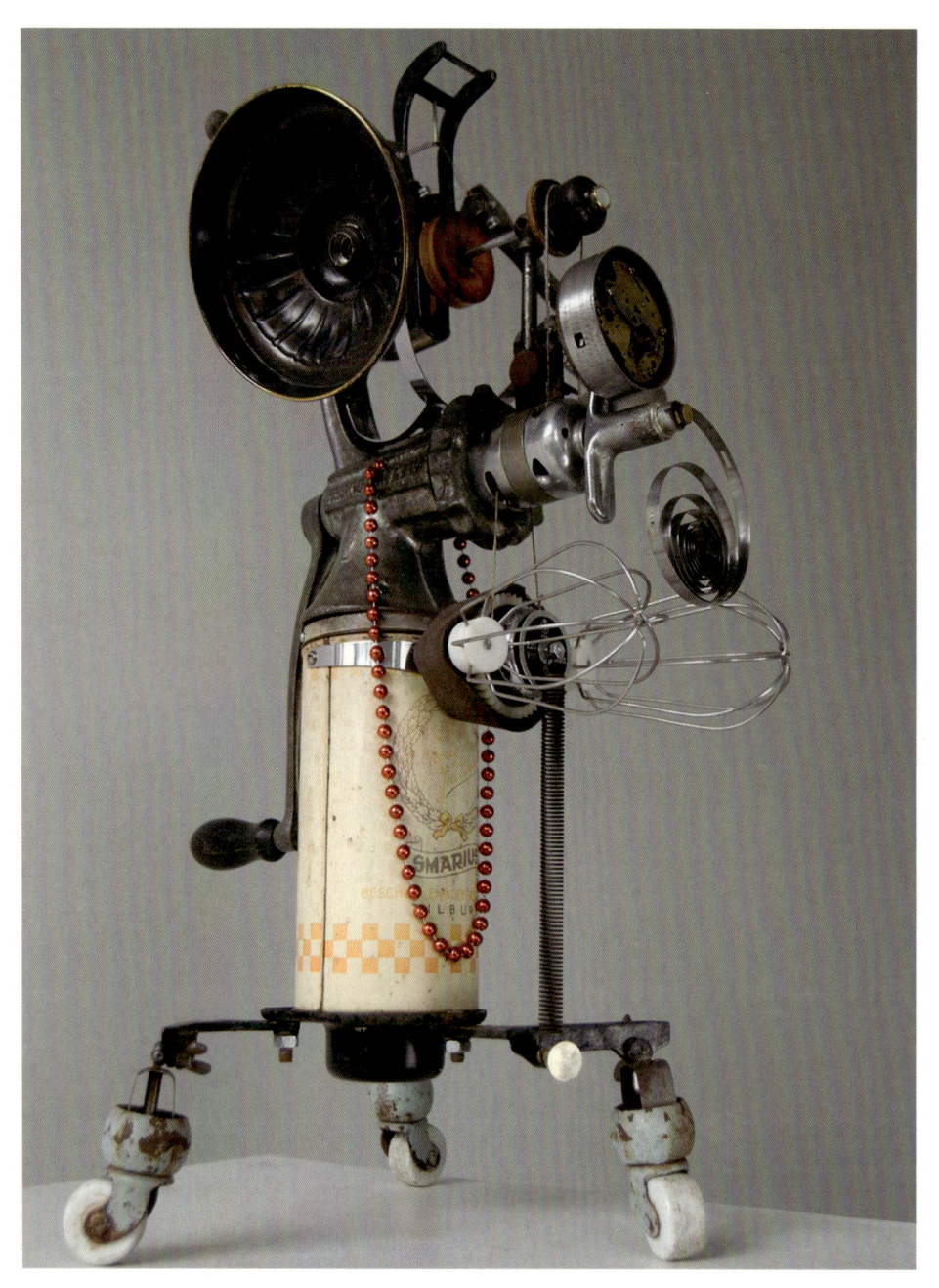

Jörg Dähne

1. Der Künstler Jörg Dähne schuf diese Fantasiemaschine. Wie könnte diese Maschine heißen?

2. Gestaltet eine eigene Fantasiemaschine.

Ein arbeitsreicher Tag

Gespielt.
Der Mutter geholfen.
Nachgedacht.
Gespielt.
Der Mutter viel erzählt.
Dem Vater Fragen gestellt.
Mit der Schwester gezankt.
Herumgetollt.
Den nächsten Tag geplant.

     Hans Manz

Faulenzen

Manchmal möchte
man
faulenzen
wie ein
Gulli im
Sonnenschein,
wie ein Rasenmäher
im Winter,
wie eine Nachttischlampe
am
Tag.

  Josef Reding

> Ich möchte faulenzen wie das Mathebuch in den Ferien.

1 Wo faulenzt du am liebsten?

S. 194: Ein Akrostichon schreiben

Wenn der Löwe brüllt

Emanuel schlägt die Augen auf. Die Sonne scheint ganz hell
und ihm ist heiß. Emanuel hat einen trockenen Mund.
In seinem Bauch knurrt es.
„Endlich bist du wach!" Bilali steht vor ihm
5 und schaut ihn an.
„Komm jetzt! Lass uns was zu essen suchen!"
„Der Hunger ist wie ein Löwe und der brüllt
ganz laut", flüstert Emanuel. „Hörst du ihn?"
Emanuel und Bilali gehen auf den Markt.
10 Der alte Ali mag Kinder.
„Ihr habt bestimmt Hunger", begrüßt er die Jungen jedes Mal.
Er hat immer etwas zu essen für sie. Heute gibt er ihnen
zwei große rote Tomaten.
Emanuel und Bilali läuft das Wasser im Mund zusammen. Der Löwe
15 leckt sich das Maul. Der alte Ali kichert freundlich vor sich hin.
Emanuel und Bilali suchen sich einen schönen Platz. Hier ist es ruhig.
Hier schmecken die Tomaten besonders gut. Der Löwe fühlt sich wohl.
Er knurrt nur noch ganz leise.

Die Stadt ist groß und laut. Der Löwe wird klein und still.
20 Emanuel und Bilali passen aufeinander auf.
„Wenn ich groß bin, werde ich Fahrer." Emanuel zeigt auf einen Minibus
mit vielen Menschen darin.
„Dann fahre ich so ein Auto und verdiene ganz viel Geld!"
„Und ich werde Präsident!", schreit Bilali so laut, dass seine Stimme
25 lauter ist als alle Autos zusammen. „Dann mache ich, dass es allen
Kindern gut geht!"
Emanuel und Bilali treffen andere Kinder. An Ampeln. Auf Verkehrs-
inseln.
Sie lachen miteinander und der Löwe spielt eine Weile mit.
30 Doch dann brüllt der Löwe wieder. Emanuel und Bilali rennen los.

Sie laufen mit ihm durch viele Straßen.
Sie betteln. An Ampeln. Auf Verkehrsinseln.
Müde setzen sie sich auf den Weg.
Die meisten Leute haben es eilig. Sie gehen
35 an ihnen vorbei, ohne sie zu beachten.
Eine Frau gibt ihnen eine Münze.
„Haut ab hier!", schimpft ein Mann.
„Sonst rufe ich die Polizei!"
Der Löwe faucht zurück.
40 Emanuel und Bilali arbeiten. Sie waschen ein Auto und dann
noch ein Auto. Der Löwe macht es sich gemütlich. „Bald sind wir reich!",
freut sich Bilali. „Dann kaufen wir uns süßen Tee und Brot!"
Aber dann wird der Löwe ungeduldig. Das Geldverdienen dauert ihm
zu lange. Er hat Hunger! Er will endlich essen! Er will nicht mehr
45 im Auto sitzen! Er brüllt immer lauter!
„Nimm das Geld und geh vor zum Brotstand!", schlägt Bilali vor.
„Ich wasche nur noch dieses Auto und komme dann nach!"

„Gib mir dein Geld!" Ein großer Junge droht Emanuel. „Sonst setzt es
was!" Emanuel weint und gibt dem Jungen das gerade verdiente Geld!
50 Bilali hat alles von Weitem gesehen. Er ist furchtbar wütend.
Bilali rennt dem Jungen hinterher. Aber der Junge ist schneller.
Bilali kommt zurück. Er ist müde und er ist sehr böse. Der Löwe brüllt
so laut, dass die Blätter von dem bunten Baum auf die Erde fallen.
Wieder laufen sie durch die Straßen. Wieder betteln sie viele Leute an.
55 Bilali zählt die Münzen: „Damit können wir uns nur Tee kaufen!"
„Guck mal!" Emanuel zeigt auf das Brot in dem Korb hinten auf dem
Fahrrad, das von einem Mann gefahren wird. Der Löwe brüllt noch
lauter. Blitzschnell springt er plötzlich dem Brotkorb hinterher.
Bilali und Emanuel laufen dem Löwen nach. Bilali schnappt sich
60 ein Brot und dann noch eins.
„Lauf! Lauf! Lauf!" Bilali zieht Emanuel mit sich. Sie laufen so schnell,
dass der Staub unter ihren Füßen aufgewirbelt wird.

Emanuel und Bilali kaufen süßen Tee und essen dazu
das Brot. Wie gut sich das im Bauch anfühlt!

65 „Aber ich bin doch kein Dieb!" Emanuel schüttelt den Kopf.
„Das bin ich auch nicht." Bilali legt den Arm um Emanuel.
„Aber heute hatte ich Hunger wie ein …", Bilali sucht nach
dem passenden Wort. „Wie ein Löwe", sagt Emanuel.
Der Löwe brüllt nicht mehr. Der Löwe ist satt. Der Löwe ist müde.

70 Es wird dunkel. Emanuel und Bilali suchen einen sicheren Schlafplatz.
In der Stadt gibt es ein Abbruchhaus. „Hier wohnt niemand", sagt
Bilali. „Hier können wir schlafen."
Mitten in der Nacht kommen Leute. Ein Mann brüllt und ein anderer
schimpft. Emanuel, Bilali und der Löwe schrecken auf und laufen weg.

75 Sie laufen und laufen und laufen bis zu dem Feuer am Strand.
Um das Feuer herum sitzen und liegen Kinder. Einige schlafen,
andere sind noch wach.
„Ihr könnt hier bleiben", sagt ein großes Mädchen. „Wir passen auf."
Emanuel, Bilali und der Löwe setzen sich ans Feuer. Hier ist es warm.
80 Der Löwe rollt sich zusammen und schnurrt.
„Habt ihr was zu essen dabei?", fragt das Mädchen und Emanuel gibt
ihm ein Stück von dem Brot.
„Morgen …", gähnt Bilali, „morgen arbeiten wir wieder und kaufen von
unserem Geld süßen Tee und Brot … Und jetzt … jetzt schlafen wir …"

Nasrin Siege

1
- Was essen die beiden Jungen zum Frühstück?
- Wie versuchen die Jungen, an Essen und Trinken zu kommen?
- Der Löwe spielt eine Weile mit. Was bedeutet diese Textstelle?

Nach dem Spülen

Und Löffel zu Löffel ins Löffelfach
und Gabel zu Gabel ins Gabelfach
und Messer zu Messer ins Messerfach –
         Ach, was für'n Krach!
         Wenn ich will, bin ich still.
Und Löffel zu Löffel ins Löffelfach 
und Gabel zu Gabel ins Gabelfach
und Messer zu Messer ins Messerfach –
         Wenn ich will, bin ich still.
         Manchmal, wenn ich lustig bin,
         werf ich alles lustig hin:
Und Löffel zu Löffel ins Gabelfach 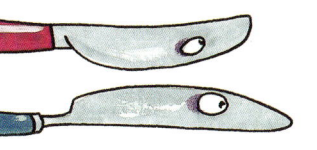
und Gabel zu Gabel ins Messerfach
und Messer zu Messer ins Löffelfach –
         Manchmal, wenn ich lustig bin,
         werf ich alles lustig hin.
         Manchmal geht es mir so gut,
         da packt mich der Übermut:
Und Löffel zu Gabel ins Messerfach 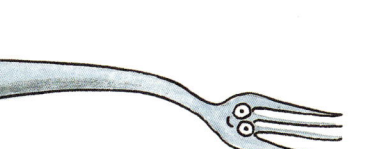
und Gabel zu Messer ins Löffelfach
und Messer zu Löffel ins Gabelfach –
         Ach, was für'n Krach!
         Wenn ich will –
         bin ich still.

         Erwin Grosche

1 Sprecht das Gedicht rhythmisch.

Schmökertext

Tom Sawyer: Der kluge Anstreicher

*Tom Sawyer wächst bei seiner Tante Polly in einer
kleinen Stadt am Mississippi in den USA auf.
Das Leben hier ist ruhig und es passiert wenig. Zum Glück
hat er immer wieder neue Ideen, um das Leben aufregender zu machen.
Am Abend zuvor ist Tom mit schmutziger und zerrissener Kleidung
viel zu spät nach Hause gekommen. Zur Strafe muss er deshalb
am Samstag den Gartenzaun streichen.*

Der Samstagmorgen war gekommen. Die ganze sommerliche Welt
war strahlend und vom Leben erfüllt. Auf dem Bürgersteig erschien
Tom mit einem Eimer Weißkalk und einem langstieligen Pinsel.
Er besah sich den Zaun und die Natur verlor ihren Glanz;
5 tiefe Schwermut senkte sich auf sein Gemüt. Ein dreißig Yard* langer,
drei Yard hoher Zaun!
Seufzend tauchte er den Pinsel ein und ließ ihn über die oberste Planke
gleiten. Er wiederholte das Verfahren und dann noch ein zweites Mal,
verglich den unbedeutenden Streifen Tünche* mit dem sich weithin
10 erstreckenden ungeweißten Zaun und setzte sich entmutigt auf ein Fass.

Tom fielen die vergnüglichen Dinge ein, die er für heute geplant hatte,
und sein Kummer vervielfachte sich. Bald würden die anderen Jungen
vorbeikommen und ihn furchtbar auslachen, weil er arbeiten musste –
schon der Gedanke daran brannte wie Feuer.
15 In diesem düsteren, hoffnungslosen Augenblick durchfuhr ihn
eine Eingebung. Nicht mehr und nicht weniger als eine grandiose,
fabelhafte Eingebung.
Er nahm seinen Pinsel zur Hand und begab sich ruhig an die Arbeit.
Kurze Zeit später kam Ben Rogers in Sicht, genau der Junge,
20 vor dessen Spott er sich am meisten gefürchtete hatte. Bens Gang war
ein einziges Hüpfen, Tanzen und Springen.
Tom tünchte weiter.
Ben starrte ihn einen Augenblick an.
„Heda! Du steckst in der Patsche, was?"

25 Keine Antwort. Mit dem Auge des Künstlers betrachtete Tom seinen letzten Strich, dann fuhr sein Pinsel noch einmal mit leichtem Schwung darüber hinweg und er begutachtete
das Ergebnis von Neuem. Ben bezog neben ihm Stellung.
„Hallo, alter Junge, musst arbeiten, was?"
30 „Ach, du bist's, Ben."
„Ich geh schwimmen, hörst du? Würdest du nicht auch lieber mitkommen? Aber natürlich, du möchtest lieber schuften, nicht wahr?"
„Was nennst du denn schuften?"
35 „Na, ist das vielleicht keine Schufterei?"
„Na, vielleicht, vielleicht auch nicht. Ich weiß nur eins: Tom Sawyer gefällt's."
„Du willst mir doch nicht einreden, dass es dir Spaß macht?"
„Ob's mir Spaß macht? Na, ich wüsste nicht, weshalb es mir
40 keinen Spaß machen sollte. Bekommt ein Junge vielleicht jeden Tag einen Zaun zu streichen?"
Das ließ die Sache in neuem Licht erscheinen.

Nach einer Weile sagte Ben: „Du, Tom, lass mich auch mal ein bisschen streichen."
45 Tom dachte nach: „Nein, nein, das geht nicht, Ben. Schau, Tante Polly nimmt's arg genau mit dem Zaun, ganz sorgfältig muss er gestrichen werden. Ich glaube, kaum einer von tausend Jungen ist imstande, es so zu machen, wie es sich gehört."
50 „Tatsächlich? Ach, komm schon! Lass mich bloß mal versuchen, bloß ein kleines bisschen. Ich geb dir ein Stück von meinem Apfel."
„Nun – ach Ben, lieber nicht, ich hab Angst …"
„Ich lass dir den ganzen!"
55 Tom gab den Pinsel her, Widerstreben im Antlitz*, aber frohe Bereitwilligkeit im Herzen.

Fips erklärt

Yard:
1 Yard sind ungefähr 91 cm
Tünche:
Farbe
Antlitz:
anderes Wort für Gesicht

Während Ben in der Sonne arbeitete und schwitzte, ließ sich der in Ruhestand getretene Künstler daneben im Schatten auf einem Fass nieder, baumelte mit den Beinen, verdrückte den Apfel und
60 schmiedete Pläne. Immer wieder schlenderten Jungen vorbei.
Sie kamen, um zu spotten und blieben, um zu streichen.
Als Ben abgekämpft war, hatte Tom bereits die nächste Gelegenheit, sich zu beteiligen, für einen gut erhaltenen Drachen an Billy Fischer verhandelt. Als der verschnaufen musste, kaufte sich Johnny Miller ein:
65 mit einer toten Ratte samt Schnur, mit der man sie herumschwingen konnte. So ging es weiter und immer weiter, Stunde um Stunde.

Und als der Nachmittag vorüber war, besaß Tom zwölf Murmeln, ein Stück von einer Mundharmonika, einen Scherben blaues Flaschenglas, einen Schlüssel, ein Stück Kreide, einen Zinnsoldaten,
70 zwei Kaulquappen, sechs Knallfrösche, ein Hundehalsband – aber keinen Hund –, vier Orangenschalen und einen alten Fensterrahmen.
Die ganze Zeit über hatte er hübsch behaglich gefaulenzt und eine Menge Gesellschaft gehabt – und den Zaun bedeckte eine dreifache Schicht Farbe!

Mark Twain, Hans G. Schellenberger

Der letzte Tag

Mehr als zweitausend Arbeiter gehen am Mittwochabend
um 17 Uhr zum letzten Mal aus dem Werkstor einer großen Firma
in Bochum, im Ruhrgebiet. Hier wurden viele Jahre lang elektronische
Geräte hergestellt.
Ab morgen ist die Fabrik geschlossen, die Produktion wird in ein
anderes Land verlegt. Dort müssen die Firmenbesitzer den Menschen
weniger Lohn zahlen. So können sie mehr Geld verdienen und auch
die Geräte billiger verkaufen.

Die Bochumer Arbeiter sind wütend und verzweifelt.
Sie haben mehrere Monate dafür gekämpft, dass ihre Fabrik
erhalten bleibt. Sie haben demonstriert und im Radio, im Fernsehen
und in Zeitungen auf ihre Situation aufmerksam gemacht.
Aber es hat nichts genutzt, heute ist der letzte Arbeitstag.
Jetzt stehen die Mitarbeiter vor dem Werkstor. Keiner ist sofort
nach Hause gegangen. Alle sind ganz still. Still vor Trauer,
ihren Arbeitsplatz verloren zu haben. Frauen und Männer weinen,
aber hier braucht sich niemand zu schämen.

Viele wissen nun nicht, wie es weiter geht. Sie haben Familien,
müssen Miete bezahlen und Lebensmittel kaufen.
Sie denken an ihre Kinder, für die sie Geld für Kleidung,
Bücher, Schule und Klassenfahrten brauchen.
Alles kostet Geld, das nun nicht mehr vorhanden ist.
Neue Arbeitsplätze gibt es nur wenige.
Die Menschen stehen vor einer ungewissen Zukunft.

Das doppelte Lottchen

In den Sommerferien treffen sich zwei Mädchen in einem Ferienlager, die sich sehr ähnlich sehen. Schnell finden sie heraus, dass sie Zwillinge sind. Ihre Eltern haben sich getrennt, als sie noch sehr klein waren. Lotte wohnt mit der Mutter in München und Luise mit dem Vater in Wien. Am Ende der Ferien beschließen sie, dass Luise nach München und Lotte nach Wien fährt, damit Luise die Mutter und Lotte den Vater kennenlernt. Die Eltern ahnen nichts von ihrem Tausch. Luise ist nun in München und muss – wie sonst ihre Schwester – das tägliche Kochen übernehmen, da die Mutter den ganzen Tag arbeitet.

Luise kocht.
Sie hat eine Schürze von Mutti umgebunden und rennt zwischen dem Gasherd, wo Töpfe über den Flammen stehen, und dem Tisch, auf dem das Kochbuch aufgeschlagen liegt, wie ein Kreisel hin und her.

5 Dauernd hebt sie die Topfdeckel hoch. Wenn kochendes Wasser zischend überläuft, zuckt sie zusammen.
Wie viel Salz sollte ins Nudelwasser? „Eine Prise!" Wie viel um alles in der Welt ist eine Prise?
Und dann: „Muskatnuss reiben!" Wo steckt die Muskatnuss? Wo ist

10 das Reibeisen? Das kleine Mädchen wühlt in Schubfächern, klettert auf Stühle, schaut in alle Behältnisse, starrt auf die Uhr an der Wand, springt vom Stuhl herunter, ergreift eine Gabel, hebt einen Deckel auf, verbrennt sich die Finger, quiekt, sticht mit der Gabel im Rindfleisch herum – nein, es ist noch nicht weich!

15 Mit der Gabel in der Hand bleibt sie wie angewurzelt stehen.
Was wollte sie eben noch suchen? Ach richtig!
Die Muskatnuss und das Reibeisen!
Nanu, was liegt denn da friedlich neben dem Kochbuch?
Das Suppengrün! Herrje, das muss noch geputzt und

20 in die Suppe getan werden!
Also, Gabel weg, Messer her!

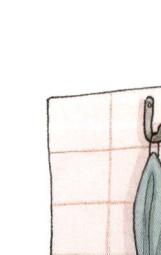

Ob das Fleisch jetzt gar ist? Und wo sind die Reibnuss und das Muskateisen? Quatsch, das Reibeisen und die Muskatnuss?

Suppengrün muss man erst unter der Wasserleitung waschen. Und die Möhre muss geschabt werden. Au, man darf sich dabei natürlich nicht in den Finger schneiden! Und wenn das Fleisch weich ist, muss man es aus dem Topf herausnehmen.

Und in einer halben Stunde kommt Mutti!

Und zwanzig Minuten vorher muss man die Nudeln in kochendes Wasser werfen! Und wie es in der Küche aussieht! Und die Muskatnuss! Und das Reibeisen! Und … Und … Und …

Luise sinkt auf dem Küchenstuhl zusammen. Ach Lottchen! Es ist nicht leicht, deine Schwester zu sein.

In neunundzwanzig Minuten kommt Mutti! – In achtundzwanzig und einer halben Minute! Luise ballt vor Entschlossenheit die Fäuste und erhebt sich zu neuen Taten. Dabei knurrt sie: „Das wäre doch gelacht!"

Als die Mutter heimkehrt, findet sie ein völlig erschöpftes Häufchen Unglück. „Schimpf nicht, Mutti! Ich glaub, ich kann nicht mehr kochen."

„Aber Lottchen, Kochen verlernt man doch nicht!", ruft die Mutter verwundert. Doch zum Wundern ist wenig Zeit. Es gilt, Kindertränen zu trocknen, die Suppe abzuschmecken, zerkochtes Fleisch hineinzuwerfen, Teller und Besteck aus dem Schrank zu holen und vieles mehr.

Als sie endlich die Nudelsuppe löffeln, meint die Mutter tröstend: „Es schmeckt doch eigentlich sehr gut, nicht?" Luise atmet auf und nun schmeckt es ihr selber so gut wie noch nie im Leben!

Erich Kästner

1 Beim Kochen kann einiges schiefgehen. Erzähle.

S. 195: Einen Text in der Ich-Form schreiben

Die Brücke

                Worte Worte Worte
            Worte Worte Worte Worte
      Worte   Worte
       Worte   Worte
        Worte   Worte
         ICH Worte   Worte DU

Renate Welsh

Brücken

Schon vor vielen hundert Jahren bauten die Menschen Brücken.
Es gibt Brücken aus Holz oder Steinen, aus Stahl oder Beton.
Häufig wurden sie gebaut,
um einen Fluss, aber auch um
Schluchten zu überqueren.

Die Fehmarnsundbrücke
verbindet die Insel Fehmarn
mit dem Festland.

Zurzeit ist die Rügenbrücke mit der Gesamtlänge von 2831 Metern die längste Brücke Deutschlands. Seit 2007 verbindet sie die Stadt Stralsund mit der Insel Rügen in der Ostsee. Sie ist eine Schrägseilbrücke aus Beton und Stahl und hängt 42 Meter über dem Wasser.

Ich weiß schon etwas über die Rügenbrücke. Vielleicht kann ich hier noch mehr erfahren.

Die Brooklyn Bridge in New York führt über den East River. Sie ist eine der bekanntesten Brücken der Welt und eine der ältesten Hängebrücken der USA. Sie verbindet die beiden New Yorker Stadtteile Manhattan und Brooklyn miteinander. Die Brücke wurde 1833 fertiggestellt und ist aus Stein und Stahl gebaut. Ursprünglich hatte sie vier Fahrspuren für Autos, zwei Straßenbahnschienen und einen Fußgängerweg. Seit den Sanierungsarbeiten von 1950 gibt es nur noch sechs Fahrspuren und den Fußgängerweg.

Manche Brücken stehen im Meer und verbinden Länder oder Kontinente miteinander. Dazu gehört zum Beispiel die erste Bosporusbrücke. Sie ist eine 1510 Meter lange Hängebrücke aus Stahl, die in der türkischen Stadt Istanbul die beiden Kontinente Europa und Asien verbindet.

1 Welche Brücken kennst du?

2 Gestalte selbst eine Brücke mit Wörtern.

S. 196: Ein Referat vorbereiten

Die Müngstener Brücke

Die Müngstener Brücke ist mit 107 Metern die höchste Eisenbahnbrücke aus Stahl in Deutschland. Sie verbindet die Städte Remscheid und Solingen hoch über dem Tal der Wupper und ist 465 Meter lang. Fertiggestellt wurde sie im Jahr 1897 nach ungefähr
5 vierjähriger Bauzeit. Von Juli 1896 bis März 1897 wurde als Letztes der riesige Bogen montiert, der mehr als 2000 Tonnen wiegt. Für die gesamte Brücke brauchte man fast eine Million Nieten*, um die einzelnen Teile zu verbinden.

10 Die Brücke hieß bis 1918 zunächst Kaiser-Wilhelm-Brücke, dann wurde sie nach der nahe gelegenen Siedlung Müngsten benannt. Bevor die Brücke gebaut wurde, transportierten Postkutschen und Pferdefuhrwerke mühsam Menschen und Waren. Sie mussten auf schlechten Straßen die Wupperberge bergauf und bergab fahren.
15 Die durch den Bau der Brücke entstandene Eisenbahnverbindung zwischen den Städten Remscheid und Solingen war daher eine große Erleichterung für den Transport. Der Weg verkürzte sich von 44 auf nur 8 Kilometer.
Der Baumeister der Brücke, Anton von Rieppel, bekam für die
20 Konstruktion und den Bau einen Orden.

Fips erklärt

Niete: eine Art Metallnagel, mit dem zwei Teile verbunden werden

Der Zwerg und der Schmied

eine Sage aus dem Bergischen Land

Wenige Kilometer von Schloss Burg entfernt, ungefähr dort, wo die Müngstener Brücke über die Wupper führt, wanderte eines Nachts ein Schmied am Fluss entlang. Plötzlich hörte er fröhlichen Lärm von einem Felsen über der Wupper.
5 Überrascht sah er Zwerge, welche tanzten, sangen und dabei übermütig ihre Hüte in die Luft warfen und wieder auffingen. Bei diesem Spiel fiel ein Zwergenhut in den Fluss. Erschreckt verschwanden die Zwerge in ihren Höhlen. Bis auf den einen, der ohne seinen Hut nicht in den Berg zurückkonnte.
10 Der Schmied hatte ein gutes Herz, watete in den Fluss und fischte den Hut heraus. Der Zwerg, der am Ufer auf ihn wartete, bedankte sich und verschwand rasch in seiner Höhle.
Seitdem fand der Schmied jeden Morgen seine Arbeit erledigt vor. Neugierig versteckte er sich eines Nachts in der Schmiede, um
15 zu sehen, wer ihm half. Voller Erstaunen beobachtete er den Zwerg, dem er den Hut aus der Wupper geholt hatte, bei der Arbeit. Der Schmied wollte sich dankbar erweisen, ließ feine Kleider anfertigen und legte sie bereit. Als der Zwerg um Mitternacht in der Schmiede erschien, zog er
20 die schönen Kleider an, warf seinen Hut in die Luft und sagte: „Warum soll ein Junker* schmieden, der so eine prächtige Jacke trägt!" Dann verbrannte er seine alte Kleidung im Schmiedefeuer und verließ die Werkstatt. Von da an musste
25 der Schmied alle Arbeit wieder selbst verrichten.

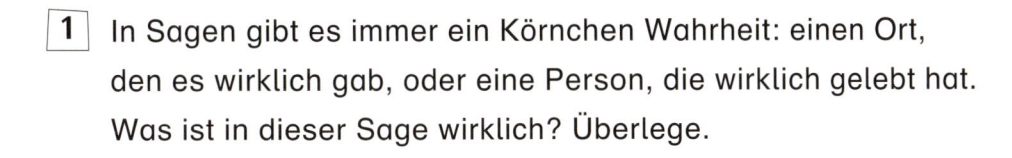

Fips erklärt

Junker: altmodisches Wort für einen jungen Herren

1 In Sagen gibt es immer ein Körnchen Wahrheit: einen Ort, den es wirklich gab, oder eine Person, die wirklich gelebt hat. Was ist in dieser Sage wirklich? Überlege.

Auf dem Weg zum Leseprofi

Informationen im Text mit dem Vorwissen abgleichen

Zu einem Thema weißt du oft schon einiges. Wenn du einen Text liest, bekommst du meistens weitere Informationen.

So schaffst du das

- Notiere, was du schon zu dem Thema weißt.
- Lies den Text.
- Vergleiche die Informationen aus dem Text mit dem, was du vorher wusstest.

Ist Kinderarbeit überhaupt erlaubt? Berichte deinem Partner, was du Neues erfahren hast.

Kinderarbeit

Im deutschen Jugendarbeitsschutzgesetz ist genau festgelegt, wie viel und ab welchem Alter ein Kind unter 18 Jahren arbeiten darf. Außerdem regelt dieses Gesetz, welche Arbeiten von Kindern übernommen werden dürfen.
Die Arbeitsschutzbehörde kontrolliert, ob sich alle an dieses Gesetz halten.

Meine Schwester ist 14. Sie sucht Arbeit, um nebenbei Geld zu verdienen

Darf sie das? Kinderarbeit ist doch verboten.

In Deutschland dürfen Kinder ab 13 Jahren höchstens zwei Stunden täglich leichte Arbeiten verrichten. Diese Arbeiten dürfen nicht vor der Schule, während der Schulzeit oder nach 18 Uhr ausgeführt werden.

Felix ist 13 Jahre alt. Er wünscht sich sehnlichst ein Mountainbike, das den Eltern viel zu teuer ist. Deshalb hat sich Felix nun einen Job gesucht, um sich das Geld zusammenzusparen. Er trägt einmal in der Woche zwei Stunden Prospekte für ein großes Lebensmittelgeschäft aus.

Aber nicht in allen Ländern der Welt gibt es solche Gesetze oder sie werden nicht eingehalten. So kommt es vor, dass auch Kinder unter 10 Jahren den ganzen Tag schwer arbeiten müssen.

> Aber in anderen Ländern darf man arbeiten.

> Stimmt doch gar nicht.

Shangavi ist neun Jahre alt und lebt in Indien. Ihre Eltern haben sie aus Not einem Fabrikbesitzer, der in einer kleinen Fabrik Kleidung herstellt, als Arbeiterin mitgegeben. Nun sitzt das neunjährige Mädchen von morgens bis abends auf dem Boden und näht. Sie kommt kaum einmal aus dem Haus heraus, denn sie arbeitet, schläft und isst hier auch. Sie bekommt nur einen sehr geringen Lohn.

Kinder wie Shangavi müssen geschützt werden, denn diese Arbeit schadet ihrer Entwicklung und ihrer Gesundheit. Sie sollten zur Schule gehen dürfen, damit sie später einen richtigen Beruf erlernen können. Kinderarbeit muss auch verboten werden, damit Fabrikbesitzer gezwungen sind, Erwachsene zu beschäftigen.

Fantasiewelten

Pinocchio

Stasys Eidrigevicius

Den kleinen Pinocchio hat der alte Gepetto aus einem einzigen
Stück Holz geschnitzt. Bald war er überall bekannt:
Pinocchio mit der langen Nase, die immer länger wird, wenn er lügt.
Der in Polen lebende Maler Stasys Eidrigevicius hat ihn so dargestellt.
Er hat wohl mächtig übertrieben.

> **1** Wozu kann so eine lange Nase noch gut sein?

Die fetten und die mageren Hühner

Auf einem Bauernhof gab es ein Dutzend Hühner. Einige waren fett und einige mager. Die fetten lachten die mageren immer aus und riefen Schimpfnamen hinter ihnen her: „Ihr Klappergestelle! Ihr zaundürren Mistkratzer! Ihr Haut-und-Knochen-Piepser!" Eines Tages wollte die Köchin zu Mittag Hähnchen braten. Sie kam auf den Hof – und wen schnappte sie sich wohl? Natürlich alle fetten Hühner. Jetzt konnten die mageren lachen.

nach Aesop

1 Eine Fabel enthält immer eine Moral. Welche Moral passt zu dieser Fabel?

- Wenn zwei sich streiten, freut sich der Dritte.
- Wer anderen eine Grube gräbt, fällt selbst hinein.
- Wer zuletzt lacht, lacht am besten.

Der Hund und der Knochen

Ein Hund trabte über die Brücke mit einem großen Knochen im Maul. Als er ins Wasser hinuntersah, erblickte er einen anderen Hund, der auch einen Knochen im Maul hielt – einen noch größeren, wie ihm schien. Sofort sprang er ins Wasser, schnappte nach dem größeren Knochen und ließ dabei seinen eigenen los. Aber was war das? Da war kein zweiter Hund mit Knochen; nur noch ein einziger patschnasser Hund – ohne Knochen.

nach Aesop

2 Welche Moral enthält diese Fabel?

→ S. 195: Einen Text in der Ich-Form schreiben
S. 198: Einen Text als Comic gestalten

Mit Peter Pan ins Land der Abenteuer

*Wendy, John und Michael Darling sind wohlbehütete Kinder.
Doch eines Nachts taucht Peter Pan im Kinderzimmer auf und nimmt
die drei Geschwister mit ins Nimmerland – das Land der Kinderspiele
und der Fantasie. Es ist das Land von Peter Pan, dem Jungen, der
niemals erwachsen wird. Er wird begleitet von der kleinen Fee Glöckchen,
die glitzert und golden leuchtet.*

Hoch in der Luft war das Fliegen noch viel, viel schöner als
im Zimmer. Schon bald wurden Wendy, John und Michael immer
mutiger, sie schlugen Saltos und flogen um die Wette.
„Wie weit ist es noch bis Nimmerland?", fragte Wendy, als Peter
5   neben ihr auftauchte.
„Nicht mehr weit", rief Peter und schlug drei Saltos.
„Ich hab Hunger", jammerte John. „Wenn ich nichts zu essen kriege,
kann ich nicht mehr weiterfliegen."
Da jagte Peter einem Adler die Beute ab, die für seine Jungen bestimmt
10 war. Die Kinder aßen davon, aber sie dachten ein wenig wehmütig an
die leckeren Sachen, die zu Hause immer für sie auf dem Tisch standen.

Natürlich wurden sie auch irgendwann müde. Das war gar nicht
ungefährlich, denn kaum nickten sie ein, sackten sie ab wie Sandsäcke.
Und Peter fand das auch noch lustig! „Und schon geht's wieder
15 abwärts!", rief er, als Michael wie ein Stein vom Himmel fiel.
„Rette ihn! Rette ihn!", schrie Wendy und Peter schnappte den Kleinen
im Sturzflug, kurz bevor der ins Wasser fiel!
Doch schließlich erreichten sie die Insel Nimmerland. Unter ihnen
lag sie im strahlenden Sonnenschein. Peter, Glöckchen und die Kinder
20 flogen immer tiefer.

Plötzlich rief Peter: „Vorsicht! Ich sehe Piraten."
John und Michael jubelten. Sie hatten im Spiel schon manchen
Kampf gegen Piraten gewonnen, aber jetzt würden sie ihnen
in der Wirklichkeit begegnen.

25 „Wie heißt der Anführer der Piraten?", wollte John wissen.

„Hook", sagte Peter und an seiner Stimme hörte man, wie sehr er Hook hasste.

„James Hook?", fragte John.

„Ja, James Hook, der fürchterlichste Pirat aller Zeiten", erklärte Peter.

30 John erschrak gewaltig. Er wusste, wie gemein der Kapitän der Piraten sein konnte.

„Vorsicht!", rief Peter. „Die Piraten können das Licht von Glöckchen sehen, sie haben bestimmt schon ihre große Kanone herausgeholt, um auf uns zu schießen."

35 Schnell steckten sie die kleine Fee in Johns Hut.
Wendy trug den Hut in der Hand, weil John damit nicht fliegen wollte. Aber schon flog eine Kanonenkugel haarscharf an Wendy vorbei und wirbelte sie durch die Luft, weit weg von den anderen.

40 Nur Glöckchen war noch bei ihr – doch die plante nichts Gutes …

James Matthew Barrie

1 Was ist das Fantastische an der Geschichte?

2 Wie könnte die Geschichte weitergehen?

Schmökertext

In einem tiefen, dunklen Wald …

*Prinzessin Henriette-Rosalinde-Audora will sich
von einem Untier entführen lassen, damit ein mutiger,
schöner Königssohn sie retten kann.*

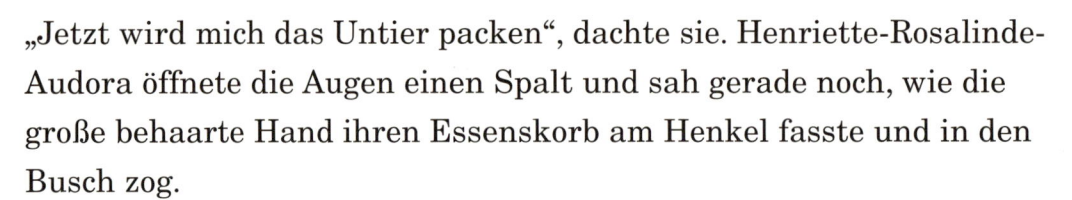

„Jetzt wird mich das Untier packen", dachte sie. Henriette-Rosalinde-Audora öffnete die Augen einen Spalt und sah gerade noch, wie die große behaarte Hand ihren Essenskorb am Henkel fasste und in den Busch zog.

5 „Das ist die Höhe! Dieses Untier klaut einfach mein Essen!", rief sie. Sie griff nach dem Henkel, klammerte sich fest und wurde in einem heftigen Ruck mitsamt dem Korb in die Büsche gezogen.
Jetzt sah sie das Untier zum ersten Mal. Es ging auf zwei Beinen wie ein Mensch, war bestimmt drei Meter hoch, am ganzen Körper behaart,
10 hatte eine breite große Nase und ein erfreulich kleines Maul.
Es schien keine Ohren zu haben, denn aus den struppigen Haaren, die links und rechts wie zwei Kehrbesen von seinem Gesicht abstanden, schauten nicht die kleinsten Ohrmuscheln heraus. Das Erstaunlichste aber waren
15 seine klobigen, plumpen Füße.
Sie waren mindestens so lang und fast so dick wie das große Essigfass in der Schlossküche.
Das Untier rannte und hüpfte mit dem Korb immer tiefer
20 in den finsteren Wald hinein und zog Henriette-Rosalinde-Audora, die nicht daran dachte, den Henkel loszulassen, hinter sich her.
Schließlich kamen sie so bei einer Höhle an.
„Wohnst du da drin?", fragte sie. „Hmpf", machte das Untier.
„Was heißt hmpf?", fragte Henriette-Rosalinde-Audora ärgerlich.
25 „Ja oder nein? Verstehst du, was ich sage?"
„Johmpf", antwortete das Untier und nickte eifrig.
„Na, das wäre wenigstens geklärt", sagte Henriette-Rosalinde-Audora.
„Schade, dass du nur hmpf oder johmpf sagen kannst.

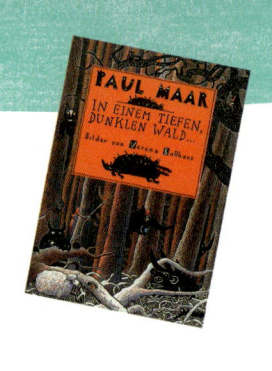

Sonst würde ich dich fragen, was du dir dabei denkst, einer jungen
30 hübschen Dame einfach den Essenskorb wegzuschnappen!"

„Hongrrr!", sagte das Untier knurrend und fauchend und deutete
auf seinen Bauch. „Hongor ghob. Groß Hongor."

„Hongor? Ach, du meinst Hunger?", fragte
Henriette-Rosalinde-Audora. „Na gut, dann
35 iss meinetwegen ein paar von meinen Broten.
Aber lass mir auch noch welche übrig.
Schließlich kann es ein paar Tage dauern,
bis ich von einem mutigen Prinzen befreit werde."

„Pronz?", fragte das Untier, hörte auf zu essen und wurde ganz aufgeregt.
40 „Jaja, ein Prinz", antwortete sie. „Ich bin nämlich eine Prinzessin
und wünsche auch dementsprechend behandelt zu werden."

„Pronzossn!", knurrte das Untier entzückt. „Pronzossn!" Es hörte auf
zu essen, deutete erst auf Henriette-Rosalinde-Audora, dann auf sich
und sagte: „Pronzossn! Konnoch sonnn! Konn – och – sonn!"

45 „Jaja, das kannst du sehn", sagte Henriette-Rosalinde-Audora.
Das Untier knurrte: „Konn och sonn", deutete noch einmal auf sich
und rief immer wieder: „Orlos! Oooorlos!", bis Henriette-Rosalinde-
Audora ganz ärgerlich wurde.

„Schon gut, schon gut! Ich weiß ja, dass du ohrlos bist", rief sie.
50 „Trotzdem kannst du sehr gut hören, wie wir festgestellt haben.
Dann hör also mal zu, wenn ich dir jetzt sage, dass du bitte gleich
zum Waldrand gehst und von dort mein zusammenklappbares Bett
mit der Daunendecke, meine Kleider und Blusen und mindestens
acht von den Essenskörben herbringst. Schließlich werde ich hier
55 wohl oder übel eine Weile bleiben müssen."

„Hor bloibon, hor bloibon!", rief das Untier. Es freute sich offensichtlich,
hüpfte vor der Höhle herum und lachte, dass man seine spitzen,
gelben Zähne sehen konnte. „Pronzosssn bloibn!"

„Ich würde vorschlagen, dass du bitte schön erst zum Waldrand gehst
60 und meine Sachen holst", sagte die Prinzessin. „Danach kannst du hier
draußen herumhopsen, so lange du magst."

Das Untier hörte auf zu hüpfen und sagte: „Nocht hopson. Tonzon. Tonzzzn!"

„Tanzen? Dieses Gehopse soll Tanzen gewesen sein?", fragte
65 Henriette-Rosalinde-Audora und kicherte.

„Dochch tonzzzn!", knurrte das Untier beleidigt, während es zum Waldrand trottete, um die Sachen der Prinzessin zu holen.

„Konn och sonn tonzn!"

Nach einer Weile kam es voll bepackt zurück und stellte alles
70 vor der Höhle ab.

„Schön! Nun kannst du gerne wieder hier herumhüpfen", sagte die Prinzessin. „Oder herumtanzen, wie du es zu nennen beliebst."

„Woll nocht tonznn!", sagte das Untier und schüttelte heftig den dicken Kopf. „Pronzossn orloss! Konn och sonn! Orlos Pronzossn!"

75 „Ohrlose Prinzessin? Ich habe zwar kleine Ohren, zugegeben. Aber erst vor kurzem hat ein Kollege meines Vaters gesagt, er finde kleine Öhrchen bei Prinzessinnen sehr, sehr reizvoll."

„Rotzvoll!", grunzte das Untier und nickte. „Pronzosssn rotzvoll."

„Rotzvoll, wie eklig!" Henriette-Rosalinde-Audora ließ das Untier
80 stehen, nahm ihr Bett und schleifte es hinter sich her zur Höhle.

„Ich habe dein unverschämtes Benehmen langsam satt. Lern erst mal ordentlich sprechen, bevor du dich mit einer Prinzessin unterhältst. Jedenfalls werde ich es mir jetzt auf meinem Bett bequem machen. Du kannst ja meinen Schlaf bewachen. Aber draußen vor der Höhle,
85 wenn ich bitten darf!"

„Drossn?", fragte das Untier. „Mon Hohl! Mon Hohlo!"

„Das war vielleicht mal deine Höhle, jetzt ist es jedenfalls meine", sagte Henriette-Rosalinde-Audora.

Paul Maar, Verena Ballhaus

Der Wolf und die sieben Geißlein

Mutter geht.
Wolf steht
auf der Lauer,
ziemlich sauer.
Geißlein sagen: „Nein,
wir lassen dich nicht rein.
Mutter hat's verboten!"
Wolf mit weißen Pfoten
spricht ganz gemein:
„Bin's Mütterlein!"
So öffnen ihm die Geißenjungen
und werden sogleich vom Wolf
verschlungen.
Großes Geschrei.
Alles vorbei.
Moral:
Ein Wolf bleibt ein Wolf, denke daran,
hat er auch weiße Handschuh an.

Rolf Krenzer

1 Was bedeutet der letzte Satz?

Zum Abschied liebkoste er ihr Haar.
Dann verneigte er sich vor dem Throne.
Und als der Räuber gegangen war,
vermisste die Prinzessin die Krone.

Frantz Wittkamp

2 Male ein passendes Bild zu dem Gedicht.

S. 197: Einen Text am Computer gestalten

Fundevogel

Es war einmal ein Förster, der ging in den Wald auf die Jagd.
Da hörte er ein Schreien. Er ging dem Schreien nach und kam endlich
zu einem hohen Baum. Darauf saß ein kleines Kind, das hatte
ein Raubvogel seiner Mutter gestohlen und in sein Nest gesetzt.
5 Der Förster stieg hinauf, holte das Kind herunter und dachte:
„Ich will es mit nach Hause nehmen und mit meinem Lenchen aufziehen.
Ich will es Fundevogel nennen, weil es auf dem Baum gefunden
worden war und weil es ein Vogel weggetragen hatte."

Er brachte es heim und Fundevogel und Lenchen hatten sich
10 sofort lieb. Wenn eins das andere nicht sah, ward es sehr traurig.
Der Förster aber hatte eine alte Köchin, die wollte Fundevogel kochen,
wenn er das nächste Mal auf die Jagd ging. Sie verriet es dem Lenchen.
Das Lenchen lief zu Fundevogel und sprach: „Verlässt du mich nicht,
so verlass ich dich auch nicht." So sprach Fundevogel: „Nun und
15 nimmermehr." Da lief Lenchen heimlich mit dem Fundevogel davon,
als der Vater am nächsten Tag auf die Jagd ging.

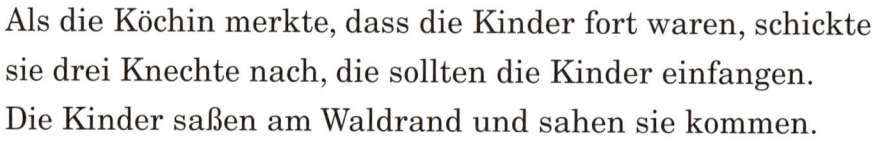

Als die Köchin merkte, dass die Kinder fort waren, schickte
sie drei Knechte nach, die sollten die Kinder einfangen.
Die Kinder saßen am Waldrand und sahen sie kommen.
20 Da sprach Lenchen zum Fundevogel: „Verlässt du mich
nicht, so verlass ich dich auch nicht." So sprach Fundevogel:
„Nun und nimmermehr."
Da sagte Lenchen: „Werde zum Rosenstöckchen und ich zum
Röschen darauf." Wie nun die drei Knechte vor den Wald
25 kamen, so waren die Kinder nicht zu sehen. Sie gingen
heim und sagten der Köchin, sie hätten nichts in der Welt
gesehen als nur ein Rosenstöckchen und ein Röschen oben
darauf. Da schalt die alte Köchin: „Ihr Einfaltspinsel, ihr
hättet das Rosenstöckchen sollen entzweischneiden und das
30 Röschen abbrechen und mitbringen, geschwind und tut's."

Sie mussten also zum zweiten Mal hinaus und suchen. Die Kinder sahen sie aber von Weitem kommen. Da sprach Lenchen: „Verlässt du mich nicht, so verlass ich dich auch nicht."
So sprach Fundevogel: „Nun und nimmermehr."
35 Da sagte Lenchen: „So werde du eine Kirche und ich die Krone darin." Wie nun die drei Knechte kamen, sahen sie die Kinder nicht und gingen wieder nach Hause. Die Köchin fragte sie, ob sie nichts gefunden hätten. Sie sagten: „Nein, wir haben nichts gefunden als eine Kirche, da war eine Krone darin
40 gewesen."
„Ihr Narren", schalt die Köchin, „warum habt ihr nicht die Kirche zerbrochen und die Krone mit heimgebracht?"

Nun machte sich die alte Köchin selbst auf und ging den Kindern nach. Die Kinder sahen sie von Weitem kommen. Da sprach Lenchen:
45 „Verlässt du mich nicht, so verlass ich dich auch nicht." So sprach Fundevogel: „Nun und nimmermehr."
Da sagte Lenchen: „Werde zum Teich und ich die Ente darauf." Als die Köchin den Teich sah, legte sie sich hin und wollte ihn austrinken. Aber die Ente kam schnell geschwommen, fasste sie
50 mit ihrem Schnabel am Kopf und zog sie ins Wasser hinein. Da musste die alte Hexe ertrinken. Nun gingen die Kinder zusammen nach Hause und waren herzlich froh. Und wenn sie nicht gestorben sind, dann leben sie noch heute.

nach den Gebrüdern Grimm

> Mir helfen diese Wörter als Erzählhilfe: Wald, zu Hause, Rosenstöckchen, Kirche, Teich.

1 Erzählt das Märchen in wenigen Sätzen nach.

2 Woran erkennst du, dass der Text ein Märchen ist?

S. 198: Einen Text als Comic gestalten
S. 199: Ein Hörspiel aufnehmen

Die schrecklichsten Mütter der Welt

Sofia beteiligt sich an einem Wettbewerb, bei dem die schrecklichsten Mütter der Welt gesucht werden. Die Mütter verschwinden plötzlich, dafür taucht in jeder Familie eine freundliche Tante Anna auf, die sich um alles kümmert. Mit der Zeit benehmen sich diese Tanten merkwürdig.

„Möchtest du vielleicht etwas zu trinken oder ein paar Kekse?" Tante Anna stand in der Tür zu Sofias Zimmer und hielt ihr einladend ein Tablett hin. „Super! Danke", sagte Sofia und biss in ein Plätzchen. „Viel Spaß noch", sagte Tante Anna und verschwand wieder.

5 Kein „Wann räumst du dein Zimmer auf?" oder „Hast du deine Hausaufgaben gemacht?". Keine Vorwürfe, weil sie wieder nicht die Spülmaschine ausgeräumt oder ihre saubere Wäsche in den Schrank gelegt hatte. Keine Ermahnungen, sich die Haare zu kämmen oder nicht Nägel zu kauen. Sofia leckte sich die Kekskrümel von ihren
10 Fingern und loggte sich in Allfriends ein.

Dragonmonster hatte ihr geschrieben:
Hey, wie geht's? Alles okay bei dir?
Sofia antwortete: Mehr als okay.
Meine Mum ist zur Kur und dafür passt
15 meine Tante auf uns auf. Mein Stiefvater Georg hat zuerst etwas komisch geguckt, weil Mama ihm nichts gesagt hat, aber ich glaube, Tante Anna gefällt ihm auch.
Und weißt du, was das Beste ist? Tante Anna ist die Erste, die sich
20 nicht von Niklas um den Finger wickeln lässt. Zu mir ist sie supernett, lässt mich laute Musik hören und so lange chatten, wie ich mag.

Die Tür zu ihrem Zimmer wurde aufgerissen, Niklas kam herein.
„Wann kommt Mama?", fragte er wohl zum hundertsten Mal.
„Das hab ich dir doch gesagt. Sie kommt in drei Wochen wieder."
25 In diesem Moment kam Tante Anna ins Zimmer. „Du sollst deine Schwester nicht immer stören. Raus mit dir! Deine Mama ist zur Kur und es geht ihr gut", sagte Tante Anna.

Sie packte Niklas am Arm und zerrte den schreienden Jungen aus dem Zimmer. Sofia hatte fast ein schlechtes Gewissen.

30 Am nächsten Morgen übertrieb es Tante Anna dann doch ein wenig. Normalerweise bekam Niklas zum Frühstück klebrig-süße Getreideflocken mit Milch.
„Das schmeckt nicht", sagte er. „Das sind nicht meine Honey-Boneys, das schmeckt eklig!"
35 Sofia schaute in Niklas' Schüssel und bekam fast einen Lachanfall. „Das sind ja Loulous Katzenleckerlis! Tante Anna, was hast du getan?"
Tante Anna zog die Packung mit dem Katzenfutter aus dem Regal
40 und sagte: „Niklas bekommt das hier und Sofia und Georg bekommen das hier!" Sie zeigte auf eine Packung Toast.
„Ich muss los!", sagte Georg. „Erklär du bitte Anna den Unterschied zwischen dem Futter für Kinder und dem für Katzen."
Tante Anna stand noch immer lächelnd mit der Katzenfutter-
45 packung da. Sofia stand auf und nahm sie ihr aus der Hand.
„Das ist für Loulou und das", sie zeigte auf die Honey-Boneys, „das ist für Niklas."
Tante Anna nahm zwei Scheiben Toast aus der Packung. Sofia stellte ihren Teller in die Spülmaschine und sah aus den Augenwinkeln,
50 dass Tante Anna eine Scheibe Käse auf den Toast legte, die Butter auf den Käse strich und dann eine zweite Scheibe Brot darauflegte.
Eins war klar: Eine gute Hausfrau war Tante Anna ganz sicher nicht.

Sabine Ludwig

1
- Wann kommt Sofias und Niklas' Mutter wieder?
- Warum findet Sofia Tante Anna toll?
- Möchtest du Tante Anna als Mutter haben? Begründe mit dem Text.

Gespensterjäger in großer Gefahr

Tom muss seine Gespensterjäger-Prüfung bestehen. Dazu reist er mit der Gespensterjägerin Frau Kümmelsaft, mit der er zusammenarbeitet, in ein Dorf, um einen Geist in die Falle zu locken.

„Ich bin so weit", sagte Tom und Frau Kümmelsaft trat ein paar Schritte zurück. Alles Weitere musste Tom allein erledigen. Fangen musste er den Geist eigenhändig. Und Tom wusste genau, wie man einen NEPROSPEG (NEgativPROjektion einer SPukErscheinunG)
5 in die Falle lockte. Es kam nur auf die richtigen Worte an.
NEPROSPEGs fing man mit Beleidigungen.
„Hör mal, du weißäugige Graupappe!", rief Tom zu dem schwebenden Geist hinauf. „So was wie dich hab ich ja noch nie gesehen. Bist du ein Stück verstaubte Kohle oder ein falsch belichtetes Foto?"
10 Der NEPROSPEG ließ ein gereiztes Knurren hören und sank etwas tiefer. Die Kälte, die von ihm ausstrahlte, ließ Tom frösteln.
„Nein, warte!", rief er. „Jetzt hab ich's. Irgendein Feuergeist hat sich einen Spaß gemacht und dich in ein Stückchen Rußpapier verwandelt! Ein ziemlich schlechter Scherz, wenn du mich fragst."
15 Der NEPROSPEG stieß ein Kreischen aus, das die Kerzenleuchter schmelzen ließ wie heißes Wachs.
„Jetzt!", dachte Tom und rieb sich die schmerzenden Ohren. „Jetzt hab ich ihn gleich so weit! Gleich geht er auf mich los."
Die KOKOMP-Falle (KOntakt-KOMPressions-Falle) fühlte sich
20 angenehm warm an, als Tom sie aus der Tasche zog.
Im KOKOMP-Fallen-Werfen hatte er seine Prüfung schon gemacht. Eine Zwei plus war sein Ergebnis gewesen. Nur zwei Fehlwürfe bei fünfzehn Versuchen. Aber jetzt konnte schon ein Fehlwurf äußerst schmerzhafte Folgen haben.
25 Der NEPROSPEG schwebte grau wie eine Gewitterwolke über ihm und starrte ihn mit seinen unheimlichen Augen an.
„Ach was!", rief Tom. „Nun weiß ich es. Du bist einfach nur ein Stück vollkommen übergeschnappte Dachpappe!"

Der Geist fauchte so erbost, dass Toms Haare sich aufstellten
wie Igelstacheln.

Der NEPROSPEG riss den Mund weit auf, sodass Tom all seine
schwarzen Zähne sehen konnte, und stieß ein so entsetzliches
Kreischen aus, dass es Tom trotz des Hyperschallfilters fast das
Trommelfell zerriss. Dann streckte der NEPROSPEG die dunklen
Finger nach Tom aus – und stürzte wie ein Schatten auf ihn herab.
Im selben Moment warf Tom die Falle. Und er warf nicht vorbei.
Mit einem scharfen Zischen verschwand die Kugel in der dunklen
Gestalt des NEPROSPEGs – und der Geist war verschwunden.
Die KOKOMP-Falle aber fiel auf den Boden.

Mit einem erleichterten Seufzer trat Hedwig Kümmelsaft an Toms
Seite und legte ihm den Arm um die Schultern. „Wunderbarer Wurf,
mein Lieber", sagte sie. „Das habe ich selten besser gesehen."

„Oh, na ja", murmelte Tom und fummelte verlegen an seiner Brille
herum. Dann lief er zu der KOKOMP-Falle und hob sie auf.

Der NEPROSPEG steckte darin und blickte ziemlich verdattert drein.

Cornelia Funke

1 Erfinde selbst Gespensternamen und ihre Abkürzung.

2 Mit welchen lustigen Beleidigungen würdest du
den NEPROSPEG fangen?

→ S. 199: Ein Hörspiel aufnehmen

Auf dem Weg zum Leseprofi

Handlungsschritte in Texten herausfinden

Um eine Geschichte in der richtigen Reihenfolge zu erzählen, hilft es dir, wenn du dir zu den einzelnen Handlungsschritten Schlüsselwörter als Erzählhilfe merkst.

So schaffst du das

- Lies den ganzen Text.
- Achte darauf, an welchen Stellen etwas Neues geschieht. Hier beginnt ein neuer Handlungsschritt.
- Notiere zu jedem Handlungsschritt Schlüsselwörter.
- Erzähle mithilfe deiner Schlüsselwörter die Geschichte.

Jeder braucht andere Schlüsselwörter. Welche helfen dir? Notiere.

Puffy

In der Schule für Zauberei und Magie sehen sich die Viertklässler im Fach Zauberwesen gerade interessiert die verschiedenen Wesen in ihren durchsichtigen Behältern an. Oh nein, bei Puffys Glas ist der Deckel einen Spalt geöffnet! Ausgerechnet bei Puffy, dem frechen
5 Kobold, der nichts als Unfug und Streiche im Kopf hat!

Da saust der Winzling auch schon aus dem Glas zum Lautsprecher für die Zauberdurchsagen und hinterlässt eine grün flimmernde Leuchtspur. Sobald Puffys Leuchtspur den Lautsprecher berührt, gackert es daraus wie aus einem
10 Hühnerstall. Danach flitzt der Winzling kichernd zum Fenster hinaus.

Serafina und Tinquilo stoßen sich in die Seiten und prusten los.
Ihre Lehrerin Fatima Filinta gibt Anweisungen: „Hopp, hopp, Kinder,
wir müssen Puffy einfangen, bevor er noch mehr Unheil anrichtet!
15 Serafina, Tinquilo, holt die Kobolddrops aus dem Zauberschrank!
Ich nehme seinen Behälter mit."

Schnell verlassen alle das Klassenzimmer und eilen durch die Gänge.
In der großen Eingangshalle herrscht Chaos. Die Zwergenklasse ist
gerade von einem Unterrichtsgang aus dem Zauberwald zurück-
20 gekommen. Stolz trägt jedes Zwergenkind einen Zauberpilz in der Hand.
Plötzlich hat sich Puffy einen neuen Streich ausgedacht und mit seiner
Leuchtspur alle Pilze verwandelt! Bei jedem Kind springt eine
weiße Maus aus der Hand und huscht davon. Die Zwerge
rennen aufgeregt durcheinander und quietschen erschrocken.

25 Serafina und Tinquilo rufen: „Koboldalarm! Alle aus dem Weg!
Wer hat Puffy gesehen?" Ein Zwergenmädchen zeigt auf eine
Treppe und piepst: „Er ist dort hinuntergeflogen."
Die Viertklässler schleichen in den Keller und sehen ein grünes
Flimmern durch ein Schlüsselloch verschwinden. „Achtung, Kinder!",
30 flüstert Fatima Filinta. „Ich öffne die Tür. Serafina und Tinquilo,
ihr lockt Puffy mit den Kobolddrops aus seinem Versteck. Alle anderen
umzingeln ihn, sodass ein Koboldbannkreis entsteht, aus dem Puffy
nicht mehr entwischen kann. Und los!"

Serafina und Tinquilo betreten den Raum und schwenken die Tüte
35 mit Kobolddrops hin und her. „Hallo Puffy! Puffylein, schau mal,
was wir für dich haben." Da zischt die grüne Leuchtspur genau
auf sie zu. Der Kobold reißt an der Tüte, doch Serafina und Tinqulio
halten sie gut fest. „Schön langsam, Puffy!"
Dann beginnen sie ihn zu füttern. Nach dem letzten Drops kichert
40 Puffy frech und will losfliegen. Doch inzwischen haben ihn alle Kinder
eingekreist. Fatima Filinta befördert Puffy mit einem Fingerschnippen
in seinen Koboldbehälter zurück und schließt den Deckel.

Ich und mein Körper

Unsere Körpersprache

Mit dem Gesicht können wir etwas ausdrücken. Das ist die Mimik. Was wir durch Bewegungen und unsere Körperhaltung ausdrücken, nennt man Gestik.

1 Wie fühlen sich die Kinder?

2 Welche Gefühle gibt es noch?

Pausenliebe

Frank liebt Anne.
In der Pause,
als er Anne sieht,
weiß er nicht, wie ihm geschieht:
Plötzlich im Vorübergehn
lässt er sich ein Lächeln stehn.

Anne streicht ihr Haar zurück,
schenkt ihm einen Augenblick.
Später an der Haltestelle
stupst ihn Anne blitzeschnelle
heimlich im Vorübergehn
grade so – wie aus Versehn.

„Au!" – denkt sich Frank im Bus,
„Autsch! Das war ja fast ein Kuss!"
Und er freut sich kaum zu Hause,
auf die nächste große Pause.

Michail Krausnick

Stefan

Stefan sitzt in der Bank neben Melanie. Er sitzt gern neben Melanie.
Die Jungen hänseln Stefan und Melanie. Auch die Mädchen hänseln sie.
Sie sagen: „Stefan ist verliebt in Melanie!" Oder: „Melanie ist verliebt
in Stefan."
„Von wo wissen die, dass ich in Melanie verliebt bin", denkt Stefan.
Er selbst weiß nicht, ob er verliebt ist. Er weiß überhaupt nicht,
wie Verliebtsein ist.
Er fragt seine Mutter: „Wie ist das, wenn man verliebt ist?"
„Es kribbelt im Bauch und rumort in der Herzgegend herum", sagt sie.
„Mich sticht es in die Seite", sagt Stefan.
„Das kommt nicht von der Liebe, das kommt vom Fußballspielen",
sagt die Mutter.
„Diese Blödmänner", denkt Stefan, „ich bin doch gar nicht
verliebt in Melanie! Ich mag sie! Und fertig!"

Karin Gündisch

1 Wie ist das, wenn man verliebt ist?

S. 194: Ein Akrostichon schreiben

Schmökertext

Nur Weicheier küssen nie

*Marlon, sein Freund Robbo und Marie gehen gemeinsam
in die vierte Klasse. Nun sind sie zusammen im Schullandheim.
Als Marlon über Marie nachdenkt, kommt die Zimmerkontrolle …*

Eigentlich ist Marie ein richtiges Mädchen. Nicht so eins, das fast aussieht wie ein Junge und sich kloppt und so. Nein, ein echtes Mädchen-Mädchen eben. Mit lila-rosa Schulranzen und bunten Kettchen am Handgelenk und all so 'nem Zeug. Und – klar –
5 auch mit ständigem Gekichere. Sie ist genau so eins von den Mädchen, die ich sonst immer total doof finde.
Aber Marie ist wirklich nicht doof. Und kichern tut sie wenigstens an den richtigen Stellen. Wenn ich sie im Schulflur mal ein bisschen freundlich schubse, dann kichert sie zum Beispiel. Nee, mit Marie
10 kriegt man keinen Ärger. Auch wenn sie manchmal Totenköpfe in ihren Ohrlöchern hat.

Robbo war mal verliebt in sie. Das war, weil sie da verliebt in ihn war, sagt er. „Woher weißt du das?", habe ich ihn gefragt. „Sie hat mir einen Liebesbrief geschrieben", sagte er. Und dann hat er mir den Brief
15 gezeigt. Im Vertrauen. Der Liebesbrief war toll.

In der Mitte des Blattes war ein großes rotes Herz, das Marie mit Buntstift ausgemalt hatte. Quer darüber hatte sie geschrieben:
Liba Robo. Du bist ser net. Ich libe dich. Libst du mich auch?
Deine Marie

20 Es waren ziemlich viele Fehler in dem Brief. Aber sie hatte ihn ja auch in der zweiten Klasse geschrieben und nicht in der vierten.
Da wünschte ich, ich würde auch mal einen Liebesbrief bekommen.
Am besten von Marie.

Ich hatte es gerade noch geschafft, meinem Kissen einen kleinen
25 Schubs zu geben, da sah ich, dass etwas unter dem Kissen hervorragte.

Es war flach und rot, es war aus Papier und sah wie ein Briefumschlag aus. Wie ein knallroter Briefumschlag.

Ich starrte das Ding an und wurde dabei langsam knallroter als jeder Briefumschlag jemals sein könnte. Ich war eine lebende Tomate.

30 „Na, Marlon, Post für dich?", lächelte Frau Schneider. „Willst du sie nicht aufmachen?" Nein, das wollte ich nicht!

„Später", nuschelte ich undeutlich und versuchte, unbekümmert pfeifend aus dem Fenster zu gucken. Doch das war kein guter Einfall. Denn beim Anblick der zwei stechenden Augen direkt hinter unserem
35 Fensterbrett sackte ich fast zusammen. Keine zwei Meter von mir entfernt stand Marie.

Ein Gedanke durchzuckte mich. Dieser Umschlag war nicht nur ganz eindeutig rot, nein dieser Umschlag war auch von Marie! Von Marie!

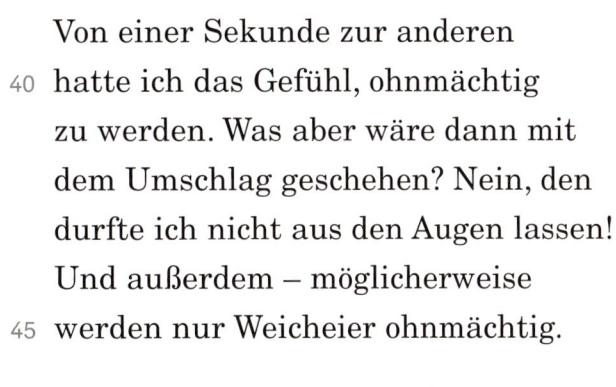

Von einer Sekunde zur anderen
40 hatte ich das Gefühl, ohnmächtig zu werden. Was aber wäre dann mit dem Umschlag geschehen? Nein, den durfte ich nicht aus den Augen lassen! Und außerdem – möglicherweise
45 werden nur Weicheier ohnmächtig.

Da hatte sich Marie plötzlich von draußen über das Fensterbrett geschwungen, war zum Bett gestürzt und hatte sich das rote Ding gegriffen,
50 noch bevor irgendeiner von uns kapierte, was geschah.

Ich konnte es nicht fassen! Dieses spagettihaarige Funkelauge hatte mir den allerersten Liebesbrief meines
55 Lebens geklaut!

Dagmar H. Mueller, Elisabeth Holzhausen

Ja oder nein?

Manchmal weißt du in einer Situation nicht, wie du dich richtig verhalten sollst. Du kannst dir diese drei Fragen stellen:
- Habe ich ein Ja- oder Nein-Gefühl?
- Weiß eine vertraute Person, wo ich bin?
- Bekomme ich Hilfe, wenn ich sie brauche?

Wenn du nur einmal mit „Nein" antwortest, dann hast du das Recht, auch „Nein!" zu sagen. Erzähle einem Menschen, dem du vertraust, was geschehen ist.

Hallo, hilfst du mir bitte, die Taschen sind so schwer. Ich wohne gleich um die Ecke im 4. Stock.

Die Frau sieht nett aus und ist freundlich. Ich möchte schon helfen, aber ich kenne sie gar nicht. Ich will auch nicht in eine fremde Wohnung gehen.

Sage höflich „Nein!", weil du die Frau nicht kennst und gehe gleich weiter. Erzähle zu Hause deinen Eltern, was du erlebt hast.

Ich bin euer neuer Nachbar. Komm doch rüber, ich habe kleine Babyhasen.

1 Wie würdest du entscheiden? Begründe.

Gute und schlechte Geheimnisse

Es ist spannend, ein Geheimnis zu haben. Du weißt, dass dir jemand vertraut, wenn er dir ein Geheimnis erzählt. Viele Geheimnisse sind gut, weil sie Freude machen. Doch es gibt auch schlechte Geheimnisse, die du unbedingt erzählen musst. Bei schlechten Geheimnissen fühlst du dich unwohl, hast vielleicht Angst und machst dir Sorgen.

Ihr überlegt in der Klasse, was ihr eurer Lehrerin zum Abschied schenken wollt. Sie kommt ins Zimmer und fragt: „Was flüstert ihr denn da?" Ihr antwortet: „Das ist unser Geheimnis."

Ein größerer Junge von der Coolen-Bande aus eurer Nachbarschaft nimmt dir auf dem Schulweg dein Taschengeld ab. Er flüstert dir zu: „Wehe, du sagt etwas, dann kriegst du von mir und meiner Bande Schläge."
Du fürchtest dich und gibst ihm am nächsten Tag wieder dein Geld.

Dein Onkel, den du gern magst, weil er immer so lustige Witze erzählt, streichelt dich, als ihr allein seid. Das ist dir ein bisschen unheimlich, aber es ist ja nur dein netter Onkel. Er sagt: „Das bleibt unser kleines Geheimnis."

Mama kommt morgen von ihrer Reise zurück. Du räumst mit Papa alles auf, stellst Blumen in die Vase und schmückst die Haustür mit einer Girlande. Mama ruft an und fragt, was ihr gerade macht. Papa meint: „Verrate Mama nichts. Das wird morgen eine Überraschung für sie."

1 Welches sind gute, welches sind schlechte Geheimnisse? Begründe.

Was hat der Hunger mit dem Zucker zu tun?

Das Brötchen bei Fast-Food-Gerichten besteht aus Weißmehl mit einer Menge Stärke drin. Stell dir die Stärke wie eine Perlenkette aus vielen Zuckerstückchen vor.
Wenn du etwas isst, muss dein Körper diese Kette auseinander-
5 schneiden, um an den Zucker zu kommen. Den braucht er nämlich als Kraftstoff.

Die Perlenkette ist bei Weißmehl-Brötchen aber ganz leicht zu knacken. Mit einem Vollkornbrötchen ist der Körper dagegen viel länger beschäftigt, um es zu verarbeiten. Man hat deshalb länger das Gefühl,
10 satt zu sein.

Je schneller der Zucker aus Lebensmitteln dem Körper zur Verfügung steht und je leichter er von ihm verarbeitet werden kann, desto schneller bist du satt – aber du bekommst auch schnell wieder Hunger.

Wenn der Zucker aus dem Brötchen in deinen Körper kommt, wartet
15 dort schon ein Stoff, das Insulin.
Insulin im Körper – das kannst du dir vorstellen wie Tausende kleine Männlein, die sich auf alle Nahrungsmittel stürzen, die Zucker enthalten. Die Männlein greifen sich jeden noch so kleinen Zucker-
bestandteil im Essen und bringen ihn sofort in die Zellen des Körpers.
20 Den Körperzellen liefert der Zucker die nötige Energie zum Leben.
Die Männlein holen so lange den Zucker, bis der ganze Zucker aus der Nahrung in den Zellen ist.

Wenn du zu viel Süßes isst, arbeiten ganz viele Insulin-Männlein in deinem Körper. Und ist der Zucker dann verbraucht, so rufen sie bald: „He, wo bleibt mehr Zucker!"

Dies sorgt für ein neues Hungergefühl, du bekommst Heißhunger. Wenn du jetzt wieder etwas isst, nimmst du mehr Nahrung zu dir, als du müsstest.

Wenn du mehr isst als du brauchst, wachsen bei dir Fettpölsterchen. Mit der Zeit bekommt dein Körper immer mehr Übergewicht.

Stell dir vor, du müsstest ständig zwei Taschen mit je 10 Kilo Gewicht herumschleppen! So ist das für Kinder, die für ihr Alter und für ihre Größe 20 Kilo zu viel auf den Rippen haben. 20 Kilo, das sind 20 Ein-Liter-Tetrapaks.

Bei zu viel Gewicht leidet der komplette Knochenbau: Schon nach kurzer Zeit kann man schwere Gelenkprobleme, Rückenschmerzen und sogar X-Beine bekommen, weil sich die Knochen verformen. Denn unser Knochengerüst – das Skelett – kann nur eine bestimmte Belastung aushalten.

Ich schreibe mir beim Lesen Stichwörter als Merkhilfe auf.

1 Was macht dein Körper, um an den Zucker heranzukommen? Informiere die Klasse.

2 Was geschieht mit dem Zucker, wenn er in deinen Körper kommt? Informiere die Klasse.

➡ S. 196: Ein Referat vorbereiten

Handballspielen macht Spaß

Die Auswechselspielerinnen beobachten das Spiel. Lara hat sich den Ball erkämpft und dribbelt mit ihm nach vorne. Sie will die gegnerischen Handballerinnen ausspielen, doch sie verliert den Ball. „Warum hat sie den Ball nicht zu Melli geworfen? Sie stand doch frei", ärgert sich Emma auf der Ersatzbank. „Mensch, die Lara wollte es unbedingt wieder allein machen", stöhnt Ilayda.
Daniela ruft: „Achtung, jetzt hat Nina den Ball!" Nina passt ihn zu ihrer Mitspielerin Franzi. Diese springt vor der Torraumlinie gekonnt ab und wirft – Tor!
„Handball ist einfach toll, weil es so schnell ist", meint Ilayda.
„Außerdem fallen viel mehr Tore als beim Fußball", ergänzt Emma.
„Und weil unsere Trainerin so oft auswechseln kann, wie sie will, kommen alle mal dran", sagt Daniela.

Ronja spielt selbst nicht Handball, ist aber von dieser Sportart begeistert, seit Deutschland 2007 Handballweltmeister geworden ist. Ilayda erklärt ihr wichtige Regeln und Torwurftechniken.

Regeln:
- Jede Mannschaft hat 5 Feldspieler und einen Torwart. Gewinner ist die Mannschaft, die die meisten Tore wirft.
- Hast du den Ball, darfst du ihn nur drei Schritte oder drei Sekunden lang in der Hand halten. Dann musst du ihn auf den Boden prellen, zu einer Mitspielerin passen oder auf das Tor werfen.
- Dabei darfst du nicht in den sogenannten Kreis stürmen. Das ist der Torraum. Er wird von einer Halbkreislinie markiert, die sechs Meter vom Tor entfernt ist. Innerhalb dieses Bereichs darf sich nur der jeweilige Torwart aufhalten.

Wurftechniken, um ein Tor zu erzielen:

- Für den Sprungwurf nimmst du Anlauf, springst weit in den Kreis hinein und wirfst den Ball, kurz bevor deine Füße wieder den Boden berühren.
- Beim Schlagwurf wirfst du aus dem Stand heraus. Die Technik eignet sich am besten, wenn du von den Gegenspielern so bedrängt wirst, dass du nicht abspringen kannst.
- Den Fallwurf verwendest du vor allem, wenn du Kreisläuferin bist. Als Kreisläuferin hältst du dich ständig in der gegnerischen Abwehr auf. Wenn du den Ball bekommst, drehst du dich zum Tor. Dann lässt du dich in den Kreis fallen und zielst dabei auf das Tor.

Diese Sportarten machen die Viertklässler an der Till-Eulenspiegel-Grundschule außer Fußball am liebsten. Insgesamt wurden 66 Kinder befragt.

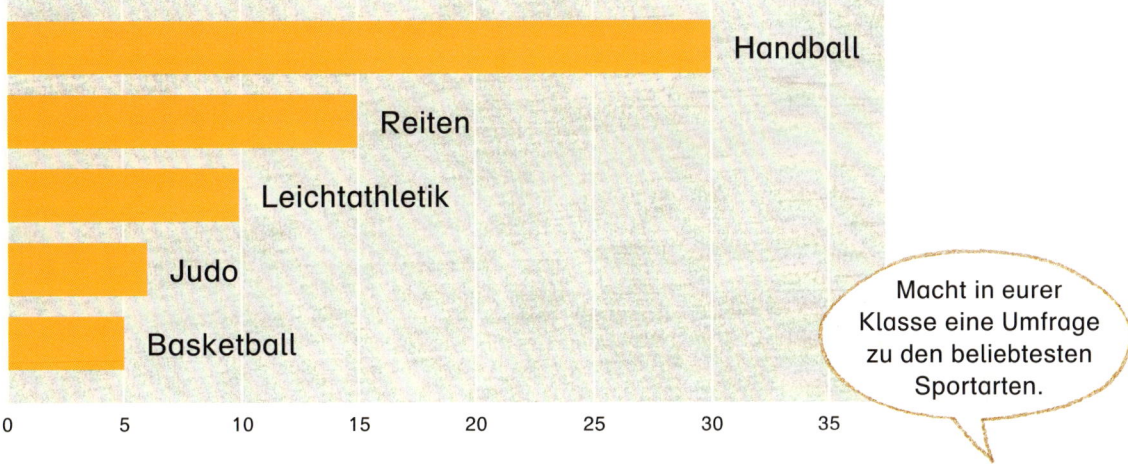

Macht in eurer Klasse eine Umfrage zu den beliebtesten Sportarten.

1
- Wie lang darf ein Feldspieler den Ball in der Hand halten?
- Warum ist der Handballsport so beliebt?
- Der Mannschaftsgeist beim Handballspiel ist wichtig. Warum?

Regenbogenkind

Jakob betrachtete den Winzling im Babykorb.

„War ich auch so klein?", fragte er. „Mit so kurzen Fingern?"

Er merkte, wie seine Eltern einen schnellen Blick wechselten.

„Kann mir vielleicht irgendwer sagen, was los ist?", beschwerte sich
5 Jakob.

Wieder dieser Blick.

„Es ist doch nicht etwa, weil es ein Mädchen ist?", forschte Jakob weiter.

Jetzt wenigstens lachten die beiden ein bisschen.

„Nein, das ist es nicht."

10 „Was dann?", fragte Jakob.

„Naomi ist ein Down-Syndrom-Kind", sagte Jakobs Vater langsam.

„Was für ein Kind?", fragte Jakob. „Ich denke, sie ist unser Kind?"

Darüber lachten sie wieder. Na immerhin, sie haben's nicht verlernt, das Lachen, dachte Jakob.

15 „Down-Syndrom", wiederholte Jakobs Vater. „Das bedeutet, Naomi ist anders als andere Kinder."

„Ja und?", fragte Jakob. „Macht das was?"

„Sie wird manches weniger gut können", sagte Jakobs Mutter.

„Meinst du Basketball?", fragte Jakob. „Das macht gar nichts.
20 Ist mir sowieso nicht so wichtig wie früher."

„Nein, es geht nicht um Basketball", sagte Jakobs Vater.

„Naomi wird später als andere Kinder laufen und sprechen lernen."

„Dann eben später", sagte Jakob. „Ist ja nicht eilig, oder?"

„Sie wird auch anders aussehen", sagte Jakobs Mutter.

25 „Auch die Finger sind kürzer", ergänzte Jakobs Vater. „Das macht das Be-Greifen für sie schwieriger."

Jakob schaute ratlos. „Ja und?"

„Es wirkt fremd", sagte Jakobs Vater. „Und Fremdes ist den meisten Menschen unheimlich."

30 Unheimlich? Jakob konnte sich nicht gut vorstellen, dass irgendwer den Winzling im Babykorb unheimlich finden könnte. Aber wenn doch?

Wenn nun Selina diesen kurznasigen Fremdling mit den schrägen Augen unheimlich fand?
Vielleicht würde sie nicht mehr zu ihm kommen wollen.
35 Trotz Marmorkuchen und Butterbrezeln.
Ob er ihr überhaupt etwas davon erzählen sollte?
Er würde Selina nichts davon erzählen, dass seine kleine Schwester irgendwie anders war. Er wollte um nichts in der Welt riskieren, dass Selina ihn dann vielleicht nicht mehr besuchen wollte. Er würde
40 Naomi einfach mit keinem Wort erwähnen.

„Was ist los?", fragte Selina sofort, als sie Jakob vor dem Schultor traf.
„Nichts, wieso, was soll los sein", sagte Jakob.
„Es ist das Baby – nicht wahr", vermutete Selina. „Deine Eltern kümmern sich nur noch um das Baby. Ist doch so – oder?"
45 Jakob schüttelte den Kopf.
„Dann brüllt es vielleicht die ganze Nacht?", forschte Selina weiter.
Wieder schüttelte Jakob den Kopf. Und dann erzählte er es doch.
Alles, was ihm seine Eltern gesagt hatten.
Selina hörte aufmerksam zu. Dann war sie eine Weile still.
50 „Wow!", sagte sie schließlich. „Da hat Naomi aber Glück, dass sie dich hat."
„Warum?", fragte Jakob verblüfft.
„Weil du ihr großer Bruder bist", erklärte Selina. „Du kannst sie verteidigen. Gegen alle, die sie anstarren. Oder was Dummes über
55 sie sagen."
Ihr großer Bruder ... Der Blick, mit dem Selina ihn ansah, änderte alles. Er fühlte sich plötzlich durchaus imstande, Naomi zu beschützen. Jakob war erleichtert. Selina würde Naomi mögen. Gerade weil sie ein bisschen anders war.

Edith Schreiber-Wicke

Auf dem Weg zum Leseprofi

Beim Lesen Stichwörter notieren

Um Informationen aus einem Text vorzutragen, helfen dir Stichwörter. Sie sind für dich eine Merkhilfe.

So schaffst du das

- Lies den ganzen Text.
- Suche die Stellen, die für deinen Vortrag wichtig sind.
- Notiere dir Stichwörter als Merkhilfe.
- Lies den Text noch einmal und prüfe, ob du noch weitere Stichwörter ergänzen musst.

Jetzt bist du ein Ernährungsberater. Halte einen Vortrag über Ernährungstipps.

Ernährung – bitte sinnvoll

Welches Ergebnis erhältst du, wenn du zwei Stunden Fernsehen, eine Tüte Chips, einen Schokoriegel, ein Glas Cola und ein paar Handvoll Gummibärchen addierst?
Ganz einfach: Keine Bewegung – aber mehr Zucker und Fett, als dein
5 Körper braucht.
Damit der Körper diese Stoffe wieder abbauen kann, müsstest du über eine Stunde skaten, joggen oder mehr als zwei Stunden Fahrrad fahren.

Die Ernährungsberater wissen, warum es so schwierig ist,
auf das Naschen oder Knabbern zu verzichten: Du bist von dir selbst
enttäuscht, wenn du dir strenge Essensregeln vornimmst und es dann
nicht schaffst, sie einzuhalten. Vor lauter Frust isst du dann umso mehr.
Zum Beispiel entscheidest du für dich: „Ab morgen esse ich
überhaupt keine Schokoriegel, Gummibärchen und Chips mehr!"
Wenn du dann doch Lust darauf hast,
dich nicht zurückhalten kannst und ein bisschen naschst,
ist es schon zu spät.
Du ärgerst dich dann so sehr über dich selbst,
dass du dir denkst: „Jetzt ist es sowieso egal!" –
und du isst die ganze Tüte leer.
Das ist oft ein Grund, warum viele Menschen mit ihren Pfunden
zu kämpfen haben, obwohl sie eigentlich abnehmen wollten.
Statt strenger Verbote solltest du dir lieber eine kleine Menge
Gummibärchen, Chips oder Schokolade in der Woche gönnen.

Die Ernährungsberater empfehlen:
Wenn du ständig nebenbei isst, geht dir irgendwann dein natürliches
Sättigungsgefühl verloren. Du brauchst aber angemessene Portionen
auf dem Teller, um richtig satt zu werden. Deshalb sind regelmäßige
Mahlzeiten wichtig: Frühstück, Mittag- und Abendessen – und zwei
Zwischenmahlzeiten aus Gemüse,
Obst oder Vollkornprodukten.

Gestern, heute und morgen

Die Welt von morgen

✏️ **1** Wie stellst du dir die Welt von morgen vor? Beschreibe.

2 Wo spielen die Kinder in der Welt von morgen?

➡️ S. 200: Texte und Bilder ausstellen

Zukunft

Die Zukunft kommt schon morgen früh?
Kann man die nicht verschieben?
Ich wär so gern
und zwar mit dir
im Heute hier geblieben.

Paul Maar

1 Warum würdest du am liebsten im Heute bleiben?

Hat alles seine Zeit:
Das Nahe wird weit.
Das Warme wird kalt.
Der Junge wird alt.
Das Kalte wird warm.
Der Reiche wird arm.
Der Narre gescheit.
Alles zu seiner Zeit.

Johann Wolfgang von Goethe

2 Suche dir eine Zeile aus und male ein Bild dazu.

3 Stellt eure Bilder aus und sprecht darüber.

4 Lerne eines der beiden Gedichte auswendig.

→ S. 194: Ein Akrostichon schreiben
S. 197: Einen Text am Computer gestalten

Die DDR und die BRD

Von 1949 bis 1990 gab es zwei deutsche Staaten: die Bundesrepublik Deutschland (BRD) im Westen und die Deutsche Demokratische Republik (DDR) im Osten. Die Hauptstadt der BRD war Bonn. Der östliche Teil von Berlin war die Hauptstadt der DDR.

Der Westteil von Berlin gehörte zur BRD. Um diesen Teil war eine hohe Betonmauer gebaut, sie ging mitten durch die Stadt. Die Grenze der DDR zur BRD war streng bewacht.

In der DDR lebten die Menschen ganz anders als im westlichen Teil Deutschlands. Nur wenige hatten ein Telefon oder ein Auto. Im Fernsehen durfte man nur bestimmte Sender sehen. Die Menschen durften auch nicht einfach zu Verwandten in die BRD oder in andere westliche Länder reisen. Sie wurden streng kontrolliert und konnten nur wenig selbst entscheiden. Das Ministerium für Staatssicherheit, genannt Stasi, ließ die Menschen heimlich beobachten. Wenn jemand etwas tat, was verboten war, wurde er streng bestraft.

Die Bewohner der DDR wollten sich mit der Zeit nicht mehr alles vorschreiben lassen. Deshalb versuchten immer mehr Menschen, die DDR zu verlassen und stellten einen Ausreiseantrag. Andere Menschen taten sich mutig zusammen und demonstrierten friedlich gegen den Staat.

In Leipzig demonstrierten im Herbst 1989 jeden Montag besonders viele Menschen, bis schließlich am Abend des 9. November 1989 ein Politiker erklärte, dass die Grenzen ab sofort geöffnet seien und jeder ausreisen könne. Die Menschen kamen mit Hämmern und anderen Werkzeugen und begannen, die Mauer in Berlin einzureißen. Außerdem fuhren Tausende von Menschen sofort in die BRD.

Im März 1990 wählten die DDR-Bürger in einer freien Wahl eine neue Regierung. Diese beschloss die Auflösung der DDR und den Anschluss an die BRD. Seit dem 3. Oktober 1990 gibt es nur noch einen deutschen Staat mit der Hauptstadt Berlin. Jedes Jahr wird seitdem am 3. Oktober der Tag der Deutschen Einheit gefeiert.

1 Wie hießen die Hauptstädte der beiden deutschen Staaten?

2 Wie lebten die Menschen in der DDR? Beschreibe.

3 Wann wird der Tag der Deutschen Einheit gefeiert?

Ich suche die Textstelle, in der die Information steht.

Schmökertext

Fritzi war dabei

Fritzi wohnt mit ihren Eltern und ihrem Bruder Hanno in Leipzig (DDR). Ihre Mutter geht zur Montagsdemonstration. Fritzi malt ein Plakat für sie: Ein Land ohne Mauer – da ist keiner sauer!

Mein armes Plakat! Erst musste es in den dunklen Keller, damit Papa nicht gleich schlechte Laune kriegt, wenn er kommt. Und am Montag, als Mutti es hochholen und zur Nikolaikirche mitnehmen wollte, stand Herr Spieker im Hausflur.

5 „Na, Frau Sommer? Geht's zum Nachtdienst?"
„Nein, äh, ja … eigentlich doch." Herr Spieker findet Demos und Plakate wahrscheinlich nicht so gut. Statt zur Kellertür ist Mutti dann schnell zur Haustür raus – ohne Plakat. Ich hab es oben aus dem Fenster beobachtet.

10 Als sie wiederkam, lag ich schon im Bett. Ganz leise ist sie ins Zimmer geschlichen. „Es war gut, dass ich das Plakat nicht dabei hatte. Die Polizisten haben ganz viele Leute festgenommen. Vor allem Leute mit Plakaten. Ich bin schnell weg – bin ich froh, dass ich wieder zu Hause bin!"

15 „Wo sind die Leute jetzt?"
„Die haben sie alle auf Lastwagen verfrachtet. Wahrscheinlich sitzen die jetzt auf der Polizeistation. Oder schon im Gefängnis."
„Im Gefängnis? Die haben doch gar nichts getan!"
„Deshalb sind sie auch bestimmt morgen
20 schon wieder frei. – Mach dir keine Sorgen, Fritzi, und schlaf gut."
Ich hab natürlich doch an die Leute auf den Lastwagen gedacht. Und an die Plakate. Ob die jetzt alle im Müll sind?
25 Über mein Plakat im Keller haben wir nicht mehr gesprochen. Keinen Ton, bis heute. Ich hätte das Plakat schon beinah vergessen.

Aber als ich aus der Schule komme, steht Mutti in der Küche und packt seltsame kleine Päckchen in ihre Umhängetasche. Sie zuckt zusammen, als sie mich hört, und stellt sich dann schnell so, dass ich nicht sehe, was sie macht.

Und dann fällt ihr ein Päckchen aus der Hand. Ich bücke mich ganz schnell und hebe es auf. Es ist eine Packung Heftpflaster. – Und deshalb macht sie so ein Theater!? Die ganze Tasche ist voll mit Krankenhaussachen. Was soll das denn? Weiße Päckchen mit einem roten Kreuz drauf, dicke Verbandsrollen, eine Schere, …
„Wo willst du damit hin?", frage ich Mutti.
„Zur Montagsdemo. Ich hab heute Morgen die Zeitung gelesen. Wenn wirklich was passiert, kann ich wenigstens helfen."
Jetzt verstehe ich gar nichts mehr. In der Zeitung stand doch bestimmt nicht, dass jeder Pflaster mitbringen soll!
„Im Krankenhaus ist alles in Alarmbereitschaft. Wir mussten heute Betten frei machen – ich hoffe einfach, dass es nicht so schlimm kommt."
Eigentlich will ich sagen: „Mutti, bleib lieber hier!"
Aber dann denke ich daran, wie wütend Papa und Mutti vor zwei Tagen waren. Da ist die DDR 40 Jahre alt geworden und es gab eine Feier mit einer Militärparade und langen Reden. Am Ende hat sogar Papa den Fernseher angeschrien: „Für wie blöd haltet ihr uns eigentlich?"
Papa hat von Mutti dafür einen Kuss gekriegt.
Und deshalb sage ich nur: „Mutti, ich bleibe auf, bis du zurück bist."
Mutti gibt mir einen Kuss und geht. Ich gehe ans Fenster. Da unten geht Mutti. Sie hat mein Plakat dabei!
Kurz darauf stehen Papa und Hanno in der Tür.
„Ist Mutti zur Demo gegangen?"
„Ja", sage ich, „eben gerade erst."
„Mein liebstes Fritzikind", sagt er. „Jetzt kochen wir uns erst mal etwas Leckeres. Worauf hast du Lust?"
„Nudeln!", rufen Hanno und ich gleichzeitig.
Papa stellt gerade den heißen Nudeltopf auf den Tisch, da brummt und dröhnt es draußen, dass die Scheiben zittern.

Hanno und ich rennen zum Fenster.

„Lauter Lastwagen!", ruft Hanno. Graugrün sind sie und groß.

Dicht an dicht rollen sie durch unsere Straße.

„Meinst du, da sind Polizisten drin?"

„Wahrscheinlich. Vielleicht sogar Soldaten."

Der Krach draußen ist bald vorbei. Ich habe Hunger, aber das Essen macht trotzdem keinen Spaß. Papa guckt nur in seinen Teller und sagt nichts. Vielleicht denkt er ja auch die ganze Zeit an Mutti, genau wie ich? Wir räumen den Tisch ab. Papa spült, ich trockne ab. Dauernd gucke ich zur Uhr neben dem Küchenschrank. Die Zeiger schleichen so langsam wie noch nie.

Auf der Straße wird es schon wieder laut. Diesmal hört man keine Motoren, sondern Stimmen, ganz viele, als wären lauter Hummeln vor dem Fenster. Ich mache das Fenster auf, aber Papa kommt sofort und schiebt mich in die Küche zurück. „Lass mich erst gucken!"

Aber dann steht er am offenen Fenster und sagt kein Wort. Ich stelle mich leise neben Papa. Da unten sind so viele Menschen, wie ich noch nie auf einmal gesehen habe.

„Dass die bis hierhin kommen! Das müssen ja Tausende sein! Vielleicht Zehntausende." Papa macht den Mund gar nicht mehr zu. Die Leute rufen, laut und im Chor, aber es dauert eine Weile, bis wir sie verstehen.

„Schließt euch an! Schließt euch an!"

„Sollen wir runtergehen?", frage ich Papa.

„Auf keinen Fall, Fritzi!", sagt Papa streng.

Es ist kalt am Fenster. Ich muss mir eine Jacke holen. Als ich wieder neben Papa stehe, ziehe ich eine Kerze und Streichhölzer aus der Jackentasche. Ich halte die Kerze, Papa zündet sie an und dann lasse ich so viel Wachs aufs Fensterbrett tropfen, dass ich die Kerze draufkleben kann. Wir machen mit bei der Montagsdemo, genau wie Mutti. Und kein Mensch braucht Pflaster.

Hanna Schott, Gerda Raidt

Justin Time – Im Jahr 2385

Die Welt im Jahre 2385: Die amtliche Wetterkontrolle lässt es jeden Abend um 19 Uhr für eine Viertelstunde lauwarm regnen. Es sind Sommerferien, die meisten Schüler machen Urlaub mit ihren Eltern, zum Beispiel auf den äußeren Jupitermonden.

Justin Time war einer der beliebtesten Jungen im Internat. Doch das half ihm wenig, wenn er zum siebten Mal endlos lange Sommerferien allein verbringen musste.

Mit langen Schritten ging er zum Gärtnerhaus, in dem
5 der Kapitän wohnte. Der Kapitän, Hausmeister des Internats und Justins bester Freund, schaute kurz von der Werkbank auf. Der Kapitän wischte sich die Hände ab.
„Was ist los? Du siehst nicht so aus, als würdest du dich auf die kommenden zwei Monate freuen."
10 „Ich würde auch gerne mal etwas erleben."
Der Kapitän nickte bedächtig. Er kannte Justins Geschichte: Justins Eltern Avery und Annie Time waren Mitglieder einer Projektgruppe namens AION gewesen, bei der es um die Erforschung von Zeitreisen ging. Sie hatten sich freiwillig zu einem ersten
15 Experiment bereit erklärt und waren dabei verschwunden. Das war vor sieben Jahren gewesen.

Drei Stunden später war auch der letzte Schüler abgereist. Justin war allein im Schlafsaal, als plötzlich sein Terminal auf dem Nachttischschrank piepte. Justin hätte nicht überraschter sein können.
20 Eine Nachricht! Für ihn! Nervös drückte er den Empfangsknopf und las den Brief.

Lieber Justin, vielleicht wird es dich wundern, von mir zu hören. Um es kurz zu machen: Ich möchte dich fragen, ob du nicht vielleicht deine Ferien bei mir verbringen möchtest. Mit besten Grüßen,
25 dein Onkel Chester.
P.S. Mach dir wegen der Reisekosten keine Gedanken. Mit dieser Nachricht wurde deinem Konto genügend Geld gutgeschrieben, mit dem auch das ausstehende Schulgeld beglichen sein dürfte.

Justin las die Nachricht noch zweimal. Hektisch schaute er auf die Uhr.
30 Es war kurz vor sieben. Vielleicht konnte er die Direktorin im Speisesaal abfangen. Er zog eine Papierkopie aus dem Terminal, rannte die Treppe herunter – und wäre beinahe mit Frau Zimmerli zusammengestoßen. Atemlos hielt er ihr die Nachricht unter die Nase. „Was soll das sein?" „Eine Einladung von meinem Onkel Chester.
35 Er bittet mich, die Ferien bei ihm zu verbringen!"
Frau Zimmerli überflog die Zeilen und runzelte die Stirn.
„Und diese Nachricht hast du heute erhalten?"
Justin nickte.
„Findest du es nicht ein wenig seltsam, dass dein Onkel diese
40 Einladung nicht telefonisch ausgesprochen hat? Ganz zu schweigen von einem persönlichen Besuch im Internat."
„Ich weiß es nicht. Überprüfen Sie doch einfach den Kontostand!"
Dr. Babette Zimmerli setzte sich an ihren Schreibtisch und schaltete ihr Terminal ein.
45 „Zimmerli, Babette. Identifizierung Delta 001."
„Stimmmuster bestätigt", erwiderte der Bildschirm.
„So, dann wollen wir mal sehen. Ah ja hier: Time."
Plötzlich wurden ihre Augen groß. „Das wundert mich nun doch. Man hat nicht nur das Schulgeld beglichen, sondern auch noch die Gebühren
50 für die nächsten fünf Jahre überwiesen. Wenn man die Gutschrift mit allen Kosten verrechnet, bleibt dir ein ziemlich großzügiges Taschengeld. Ich benötige deine ID-Karte. Ich soll dir den Betrag aushändigen."
Justin kramte die Plastikscheibe aus seiner Innentasche hervor.

Sie steckte die Scheibe in einen Schlitz und sicherte den Transfer durch
einen Code, den sie mit ihrem Daumenabdruck bestätigte.

Justin aktivierte das Display seiner ID und erschrak. „So viel?"

„Offensichtlich ist das schlechte Gewissen deines Onkels groß.
Wenn er es war, der es überwiesen hat."

„Aber wer sollte es denn sonst gewesen sein?"

„Ich habe keine Ahnung", sagte Frau Dr. Zimmerli bestimmt.

„Aber bevor wir das nicht geklärt haben, werde ich dir nicht erlauben,
deinen Onkel in London zu besuchen."

Justin sprang auf. „Das ist nicht fair! Zum ersten Mal habe ich
die Gelegenheit, im Sommer etwas anderes als diese … diese Schule
zu sehen, und Sie verbieten es ohne jede Begründung."

„Du musst verstehen, dass es zu gefährlich für dich ist."

„Etwa wegen dieser Geschichte mit meinen Eltern?"

„Ja, aber nicht nur."

Als Justin in den Schlafsaal ging, nagten Wut und Enttäuschung
in ihm. Noch nie hatte er sich so ungerecht behandelt gefühlt.
Er setzte sich auf sein Bett und dachte nach.

Kurz entschlossen holte er eine Tasche und begann zu packen.
Schließlich schrieb er eine Nachricht, dass er trotz des Verbotes
gefahren sei und man ihn pünktlich am Ende der Ferien
zurückerwarten könne.

Dann stellte er den Wecker auf sechs Uhr morgens.

Peter Schwindt

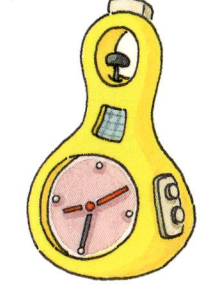

1
- Warum freut sich Justin Time nicht auf die Sommerferien?
- Was erfährst du über Justins Eltern?
- Warum soll Frau Dr. Zimmerli Justins Kontostand überprüfen?

Die neue Schule

Emily

Emily liegt auf dem Boden ihres Zimmers und denkt nach. Bald ist es so weit. In vier Wochen geht sie das letzte Mal in die Grundschule. Danach kommen nur noch sechs Wochen Sommerferien und dann geht sie endlich in die neue Schule.
5 Emily ist ganz kribbelig vor Freude und Aufregung.
Endlich fährt sie auch morgens mit dem Bus zur Schule wie ihre große Schwester Luise. Lina, Serdal, Tobias und Ezgi aus ihrer Grundschulklasse kommen auch mit in die neue Schule. Sie sind alle zusammen in einer Klasse. Das haben sie bereits letzten Mittwoch
10 auf dem Kennenlern-Nachmittag gehört. Herr Kunze wird ihr Klassenlehrer sein. Er war sehr nett. Die Schule war natürlich viel größer als die Grundschule. Sie haben eine Rallye durchs Gebäude gemacht und gemerkt, dass man den Klassenraum ganz leicht finden kann. Und auf die vielen neuen Fächer freut sie sich: vor allem
15 auf Biologie und Erdkunde. Das wird bestimmt toll. Im Chemieraum haben ihnen größere Schüler Versuche vorgeführt. Super!
Vergangenen Samstag war sie mit ihrer Patentante in der Stadt, eine andere Schultasche kaufen. Die Schultasche aus der Grundschulzeit wäre sicher auch viel zu klein für die vielen Bücher und Hefte,
20 die sie mitnehmen muss.
Die Jahre in der Grundschule waren sehr schön. Ein bisschen ist sie schon traurig. Ihre Lehrerin Frau Köster war streng, aber auch nett und oft sehr lustig. Sie hat ihnen viel beigebracht und die Klassenfahrt war toll. Aber gerade heute hat Frau Köster noch einmal gesagt, dass es
25 wichtig für alle Kinder ist, weiterzugehen und die Schule zu wechseln und Neues zu lernen.
Emily seufzt. Ach, wäre es nur bald so weit. Diesmal dürften die Sommerferien ruhig ein wenig kürzer sein als sechs Wochen.

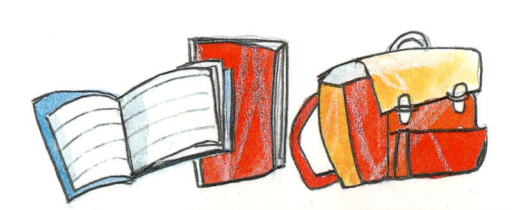

Serdal

Serdal liegt abends in seinem Bett und kann nicht einschlafen.
Er macht sich Sorgen. In vier Wochen ist seine Grundschulzeit beendet
und er kommt in eine andere Schule. In seinem Bauch grummelt es.
Diese Schule kann er nicht mehr zu Fuß erreichen. Er muss mit dem
5 Bus fahren. Ob er den richtigen Bus findet? Woher soll er wissen,
wann er aussteigen muss? Gott sei Dank kommen noch andere Kinder
aus der Grundschulklasse mit: Tobias, Lina, Ezgi und Emily.
Letzten Mittwoch war Kennenlern-Nachmittag in der neuen Schule.
Das war sehr aufregend und er hatte ein komisches Gefühl im Bauch.
10 Die Schule ist so groß und es waren 120 Kinder dort, die alle nach den
Sommerferien in diese Schule gehen werden. Der Klassenlehrer
Herr Kunze war schon sehr nett zu den Kindern. Sie haben eine Rallye
durch das Gebäude gemacht. Gut, dass Emily dabei war, sonst hätten
sie den Klassenraum nicht so schnell gefunden. Ein bisschen Angst
15 macht es ihm auch, dass sie so viele neue Fächer bekommen.
In fast jedem Fach hat man dann einen anderen Lehrer.
Und die vielen Bücher und Hefte passen sicher nicht mehr alle in seine
Schultasche. Aber seine Eltern wollen mit ihm am Wochenende sowieso
einen Rucksack kaufen gehen. Darauf freut er sich nun doch.
20 Serdal wird auf einmal ganz traurig, als er an Frau Köster denkt.
Sie war zwar streng, aber immer lustig und die Klassenfahrt mit ihr
war besonders schön. Sie sagt immer, wie wichtig es ist,
dass alle Kinder jetzt die Schule wechseln und Neues lernen.
Aber so ganz kann er es ihr nicht glauben.
25 Serdal seufzt. Gut, dass er noch vier Wochen zur Grundschule geht.
Diesmal dürften die Sommerferien ruhig länger sein als sechs Wochen.

1 Was ist in den Texten gleich, was ist unterschiedlich?

2 Welche Gedanken gehen dir durch den Kopf,
wenn du an das nächste Schuljahr denkst?

Der 7. Sonntag im August

Wer mag ihn schon, diesen letzten Tag der Sommerferien: Die Schultasche liegt noch immer unausgeräumt in der Ecke und das Zeugnis ist auch noch nicht unterschrieben. Freddy hat gar keine Lust auf Schule.
Doch dann geschieht das Unglaubliche: Als Freddy am nächsten Morgen aufwacht, ist schon wieder Sonntag. Der letzte Ferientag wiederholt sich, wieder und wieder – und Freddy scheint die einzige zu sein, die merkt, dass sie alle in einer verrückten Zeitschleife feststecken …

1. Sonntag

Heute ist Sonntag. Aber komischerweise habe ich nicht so ein schönes kribbeliges Sonntagsgefühl wie sonst. Als ich an meine Schultasche denke, fällt mir ein, was mit diesem Sonntag nicht stimmt:

5 Es ist der letzte Ferientag. Jetzt möchte ich überhaupt nicht mehr aufstehen. Ich wünsche mir, dass es niemals Montag wird! Etwas Feuchtes fährt über meine Hand. Jack. Er winselt leise. Ich weiß, was das bedeutet. Papa und Mama sitzen am Tisch und trinken Tee.
„Guten Morgen, Freddy", sagt Mama. „Gut geschlafen? Trotz der Hitze?"

10 Ich nicke. „Jack hätte längst rausgemusst."
„Kannst du nicht mal eben?" Mama sieht mich bittend an. Jack bellt kurz und sieht mich an. Ich gebe nach.
Um drei ruft Vero an. Eigentlich heißt sie Veronika. Wir haben uns die ganzen Ferien nicht gesehen, denn zuerst waren wir an der Nordsee

15 und dann war sie vier Wochen weg. In Italien.
„Du glaubst ja nicht, wie toll das war! Unser Hotel lag direkt am Strand und abends gab's Büfett, da konnte man so viel Eis essen wie man wollte. Stracciatella war am besten. Mein Vater hatte einen schlimmen Sonnenbrand. Und ich bin geschnorchelt und

20 hab Fische gesehen, einmal einen Hai. Hast du nachher Zeit?"
„Ich muss zu meiner Oma", sage ich, ohne nachzudenken.
„Du kannst doch vorher bei mir vorbeikommen, nur ganz kurz."
Vero wohnt drei Straßen weiter. Ich klingele und laufe fünf Stockwerke hoch. Und stolpere über eine lose Teppichstange im vierten Stock.

25 „Ich habe dir etwas mitgebracht", sage ich und gebe Vero
die Schneckenmuschel. Ungeduldig reißt Vero das Papier auf.
„'ne Muschel", sagt sie enttäuscht. Sie nimmt eine große, glänzende
Muschel vom Nachttisch und gibt sie mir. „Die rauscht viel doller", sagt
sie. „Die hast du aber nicht gefunden", sage ich. Jetzt sehe ich, dass
30 *Bella Italia* drauf steht. „Trotzdem danke", sagt Vero. Sie zieht eine
Schreibtischschublade auf, in der abgebrochene Stifte und schwärzliche
Radiergummis liegen, und legt meine Schneckenmuschel hinein.
„Ich muss los", sage ich.
Zehn Minuten später komme ich am Altersheim an. Ich schließe mein
35 Fahrrad an den hohen Zaun an, obwohl ein großes Schild verkündet:
Fahrräder anschließen verboten!
Auf dem Gang kommt mir eine Schwester entgegen. „Du willst
zu deiner Oma, nicht wahr?" Ich nicke. „Es geht ihr heute nicht so gut.
Sie ist etwas verwirrt."
40 Oma sitzt in ihrem Sessel, vor sich ein Kreuzworträtsel.
„Oma", sage ich leise. „Ich bin's Frederike."
„Frau Pohl hatte heute meine Strümpfe an. Die hat sie mir
aus der Waschmaschine gestohlen!" „Aber Oma! Vielleicht hat
sie sie nur verwechselt." Ich weiß nicht, ob sie mich gehört hat.
45 Sie murmelt etwas vor sich hin. „Ich geh dann mal wieder, Oma."
„Ja, ja", sagt sie, aber sie schaut noch nicht einmal hoch.
Ich schließe mein Rad auf und will losfahren, da merke ich, dass mir
jemand die Luft aus dem Reifen gelassen hat. So eine Gemeinheit.

2. Sonntag

50 Ich wache auf. Vom Wecker? Nein. Was da läutet sind die Kirchen-
glocken. Am Montag? Ich schaue auf den Wecker und bekomme einen
Schreck. Wir haben verschlafen, es ist schon neun Uhr. Ich springe aus
dem Bett. „Mama! Papa! Aufstehen!", rufe ich. „Wir haben verschlafen!"
Jack springt aufgeregt bellend um mich herum. Er hält das alles
55 anscheinend für einen großen Spaß.
„Nein, Jack, ich gehe nicht mit dir raus, ich muss zur Schule!"

Papa streckt seinen Kopf aus der Schlafzimmertür. „Freddy? Was machst du für einen Radau?" „Papa, unterschreib mein Zeugnis, schnell!" „Was soll diese Hektik am Sonntag?" „Sonntag?" Ich starre
60 Papa fassungslos an. „Heute ist nicht Sonntag! Gestern war Sonntag!" Ich verstehe die Welt nicht mehr. „Ich muss zur Schule, Mama!" „Geht's dir nicht gut, mein Schatz?" „Aber Sonntag war doch gestern", wiederhole ich. „Gestern war Samstag", sagt Mama. Ich lasse mich auf einen Küchenstuhl fallen. „Du musst geträumt haben, Freddy",
65 sagt Mama. Ich springe auf. „Ich geh erst mal mit Jack raus!" Das Telefon klingelt. Es ist Vero. „Du glaubst ja nicht, wie toll unser Urlaub war, ich bin so was von –" „Du bist so was von braun geworden", unterbreche ich sie. „Dein Vater hatte Sonnenbrand, es gab Stracciatella-Eis zum Abendessen und du hast einen Hai gesehen."
70 „Woher weißt du das alles?", fragt Vero.

„Ich kann hellsehen, wusstest du das nicht?"

„Ich habe keinen Hai gesehen", behauptet Vero.

„Und du hast auch keine gefleckte Muschel mitgebracht, auf der *Bella Italia* steht?" „Nein", sagt Vero.
75 „Wollen wir uns treffen?", frage ich. „Na gut", sagt Vero.

Ich stelle mein Fahrrad in den Fahrradständer und gehe zu Vero hoch. Da fällt mir etwas ein und ich gehe noch einmal die Treppe hinunter. Es stimmt: Die Teppichstange im vierten Stock ist lose.

„Hast du meine Karte bekommen?", frage ich sie. Vero winkt ab.
80 „Ich habe so viele Karten bekommen, das glaubst du nicht." Sie zieht die Schublade ihres Nachttischs auf und zieht einen Stapel Postkarten heraus.

„Da ist sie ja!", rufe ich, „die Muschel!" „Was für eine Muschel?"

„Na die mit *Bella Italia* drauf! Du hast gesagt, so eine hättest du nicht."
85 „Ach die, die habe ich schon ewig." „Ich muss jetzt los", sage ich. Ich will gerade mein Fahrrad am Zaun vom Altersheim anschließen, da fällt mir ein, dass mir jemand die Luft rausgelassen hat. Vorsichtshalber schiebe ich es ein paar Meter weiter und stelle es an einen Laternenpfahl.

90 Ich öffne schnell die Tür. Oma sitzt in ihrem Sessel mit dem
Kreuzworträtsel auf dem Schoß. „Hallo, Oma!", rufe ich laut.
Oma hebt den Kopf. „Du warst doch erst gestern da." „Ich besuche dich
eben gern", sage ich. „Wollen wir runter in den Garten gehen?"
Oma schüttelt heftig den Kopf. „Ich muss in meinem Zimmer bleiben,
95 die Frau Pohl von nebenan wartet nur darauf, dass ich weggehe,
um mir meine Sachen zu stehlen."
Als ich aus dem Heim komme, gehe ich hinüber zu meinem Rad.
Die Reifen sind nicht platt.

3. Sonntag

100 Mein Wecker zeigt halb sieben. Da lohnt es sich nicht mehr
einzuschlafen. Ich kann noch ein wenig dösen und warte auf die
typischen Montagsgeräusche. Langsam werde ich unruhig.
Haben denn heute alle verschlafen? Ich steige aus dem Bett.
Eine schreckliche Ahnung steigt in mir hoch. Ich stürze ins Schlaf-
105 zimmer. Papa liegt auf dem Rücken. Mama liegt mit angezogenen
Beinen auf der Seite. In der Küche lasse ich mich auf einen Stuhl
fallen. Habe ich den gestrigen Tag wieder nur geträumt? Ich drehe
das Radio an. „Und nun folgt die sonntägliche Morgenmotette."
Sonntäglich … Sonntag … Nicht schon wieder!
110 „Beiß mich mal Jack, damit ich weiß, ob ich träume oder nicht."
Aber er knabbert nur an meinem Fuß. „Komm, wir gehen Gassi.
Wenn ich schon so früh auf bin, müssen wir das doch ausnutzen."

Sabine Ludwig

1 Was ist an den Sonntagen unterschiedlich?

2 Wie könnte der 3. Sonntag weitergehen?

Auf dem Weg zum Leseprofi

In einem Text gezielt Informationen suchen

Sachtexte enthalten viele Informationen, mit denen du Fragen beantworten kannst.

So schaffst du das

- Lies die Frage genau.
- Überfliege den Text und suche die Textstelle, die dir eine Antwort gibt.
- Beantworte mithilfe des Textes die Frage.

Schreibe die Antwort auf und notiere als Beweis die Zeilenzahl.

1. Wie sah eine Schallplatte aus?
2. Was war der große Vorteil der CDs?
3. Auf welchem Gerät kann man 7000 Lieder speichern?
4. Was ist der Unterschied zwischen einer LP und einer Single?

Von der Schallplatte zum MP3-Player

Wenn unsere Großeltern früher Musik hören wollten, legten sie eine Schallplatte auf.
Eine Schallplatte ist eine runde, schwarze Scheibe. Vom Rand der Platte bis zum Mittelpunkt ist eine spiralförmige Rille hineingepresst.

5 Man legt sie auf den Plattenteller des Schallplattenspielers,
der dann zum Drehen gebracht wird. Anschließend wird der Tonarm
auf den äußeren Rand der Platte gelegt. Eine Metall-, Saphir- oder
Diamantnadel liest in den Rillen die Musik ab.
Die Informationen werden im Tonkopf in
10 Musik umgesetzt. Schallplatten kann man
von zwei Seiten abspielen. Um beide Seiten
der Schallplatte hören zu können, muss man
sie zwischendurch umdrehen. Neben der
Langspielplatte (LP) mit mehreren Musik-
15 stücken, gab es auch Singles (sprich: singels)
mit nur einem Stück auf jeder Seite.

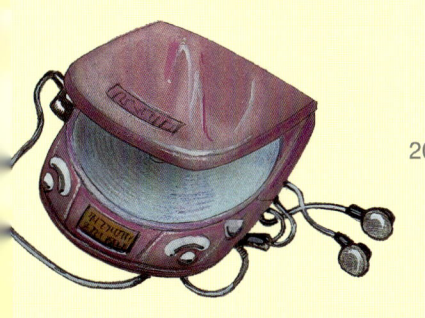

Im Jahre 1982 kam nach einer längeren
Entwicklungszeit die CD in die Geschäfte.
CDs werden über einen CD-Player abgespielt.
20 Auch lange Musikstücke können ohne Unter-
brechung gehört werden, denn eine CD muss
nicht mehr umgedreht werden. Das Knistern
im Hintergrund, das beim Abspielen von
Schallplatten zu hören war, gibt es nicht mehr.
25 Mit einer Größe von 12 Zentimetern im Durchmesser sind CDs klein
und handlich. Musik konnte man nun auch unterwegs mit einem Disc-
man und Kopfhörern hören.

Seit 1995 gibt es MP3-Player. Diese sind sehr klein und passen
in jede Hosentasche. Sie haben einen Ausgang für Kopfhörer,
30 mit denen man die gespeicherte Musik hören kann.
Alle Musikstücke werden im Gerät gespeichert. Es muss keine CD mehr
ausgewechselt werden. Auf manchen MP3-Spielern können 7000 und
mehr Lieder gespeichert werden.

Kleider machen Leute

Machen Kleider Leute?

1. In festlicher Kleidung verhalten wir uns anders als in Sportkleidung. Wie ist das bei dir?
2. Gestaltet eine Kleidungscollage.

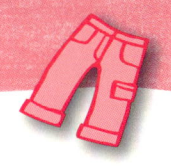

Infantin Margarita, eine Prinzessin aus Spanien

Der berühmte Maler Diego de Silva y Velásquez war im 17. Jahrhundert Hofmaler des spanischen Königs.

Margarita mit fast 9 Jahren

Felipe Prospero mit 2 Jahren

Auf den Bildern von 1659 siehst du die Tochter Margarita und den Sohn Felipe Prospero des spanischen Königs Philip des Vierten. Du erkennst, dass Margarita ein wunderschönes, sehr kostbares Kleid trägt. Sie sieht aus wie eine erwachsene Prinzessin. Das Oberteil des Kleides war sehr eng geschnürt. Unter dem weiten Rock wurde ein Gestell aus Holzreifen getragen, die untereinander mit Bändern verbunden waren. So stand das Kleid, wie es damals modern war, besonders weit ab. Bis zu ihrem 7. Lebensjahr trugen auch die Jungen prächtige Kleider.

1. Kannst du dir vorstellen, dass man mit dieser Kleidung gut spielen konnte? Begründe.

2. Stell dir vor, du würdest gemalt werden. Was würdest du dann anziehen?

Des Kaisers neue Kleider

Vor vielen Jahren lebte ein Kaiser, der so ungeheuer viel auf neue Kleider hielt, dass er all sein Geld dafür ausgab. Er kümmerte sich nicht um seine Soldaten, kümmerte sich nicht um das Theater und liebte es nicht, in den Wald zu fahren, außer um seine neuen
5 Kleider zu zeigen. Für jede Stunde des Tages hatte der Kaiser ein anderes Gewand.

Eines Tages kamen zwei Betrüger, die sich als Weber ausgaben. Sie versprachen dem Kaiser, die wunderbarsten Stoffe für ihn anzufertigen und daraus Kleider zu schneidern. Die seien so leicht
10 wie Spinnweben und hätten eine außergewöhnliche Eigenschaft: Dumme oder für ihr Amt ungeeignete Menschen könnten sie nicht sehen.
Begeistert nahm der Kaiser die beiden Betrüger in seinen Dienst. Diese stellten zwei Webstühle auf, ließen sich die feinste Seide und
15 das prächtigste Gold liefern. Das steckten sie aber in ihre eigene Tasche. Bis spät in die Nacht hinein taten sie so, als ob sie webten.

Nach einiger Zeit schickte der Kaiser seinen alten Minister zu den Webern, um sich nach dem Fortschritt der Arbeit zu erkundigen. Beide Betrüger baten ihn, näherzutreten und fragten, ob der gewebte
20 Stoff nicht ein hübsches Muster und schöne Farben hätte. Dann deuteten sie auf den leeren Webstuhl und der Minister riss seine Augen auf, aber er konnte weder Stoffe noch Garne sehen. „Herr Gott", dachte er, „sollte ich dumm sein? Sollte ich nicht zu meinem Amte taugen? Das darf niemals jemand erfahren."
25 Also berichtete er dem Kaiser von den wunderbaren Farben und Mustern des Stoffes.
Nach einiger Zeit schickte der Kaiser einen zweiten Minister zu den Webern, um zu nachzusehen, ob die Stoffe fertig wären. Auch dieser erzählte dem Kaiser begeistert von
30 dem prächtigen Material.

Schließlich begab sich der Kaiser mit seinem Gefolge, unter ihnen auch die beiden Minister, zu den Webern, um nach dem Stoff zu schauen. „Ist das nicht prächtig, Eure Majestät? Diese außergewöhnlichen Muster, diese herrlichen Farben!", priesen die Weber ihr Werk an und dann zeigten sie auf den leeren Webstuhl.

„Was!", dachte der Kaiser, „ich sehe gar nichts. Das kann nicht sein. Bin ich etwa zu dumm, Kaiser zu sein? Das wäre ja schrecklich!" „Oh, dieser Stoff ist wirklich prächtig", sagte er nachdrücklich, „er hat meinen allerhöchsten Beifall!" Er nickte zufrieden und betrachtete den leeren Webstuhl. Das ganze Gefolge tat es ihm nach: „Oh, wie prachtvoll, wie außergewöhnlich!", ging es von Mund zu Mund. Der Kaiser belohnte jeden der Betrüger mit einem wertvollen Orden.

Die ganze Nacht vor dem Fest arbeiteten die Betrüger. Sie hatten sechzehn Kerzen angezündet, damit man sie auch recht gut bei ihrer Arbeit beobachten konnte.

Die Weber taten, als ob sie den Stoff aus dem Webstuhl nähmen, sie schnitten in die Luft mit großen Scheren, sie nähten mit Nähnadeln ohne Faden und sagten zuletzt: „Seht, nun sind die Kleider fertig!"

Der Kaiser kam zur Anprobe, begleitet von seinen vornehmsten Beamten. Beide Betrüger hoben den einen Arm in die Höhe, als ob sie etwas hielten, und sagten: „Seht, hier sind die fertiggestellten Gewänder. Sie sind so leicht wie Spinnweben. Man könnte fast glauben, man habe nichts auf dem Körper. Wenn Ihre Kaiserliche Majestät allergnädigst geruhen wollen, die Kleider abzulegen, dann werden wir Ihnen die neuen hier vor dem großen Spiegel anziehen!" Der Kaiser zog sich aus und die Betrüger taten so, als ob sie ihm die neuen Kleider anzögen. Der Kaiser wendete und drehte sich vor dem Spiegel.

„Ich bin fertig!", sagte der Kaiser und dann drehte er sich nochmals zu dem Spiegel, denn es sollte scheinen, als ob er sich in seinem neuen Gewand begutachte.

Die Kammerherren, die das Recht hatten, die Schleppe zu tragen, griffen mit den Händen gegen den Fußboden, als ob sie die Schleppe aufhöben. Sie gingen und taten so, als ob sie etwas in der Luft hielten. Sie wagten
65 es nicht, sich anmerken zu lassen, dass sie nichts sehen konnten.
So ging der Kaiser unter dem prächtigen Thronhimmel und alle Menschen, die seinen Weg säumten, klatschten und sprachen: „Des Kaisers neue Kleider sind unvergleichlich. Wie herrlich die Farben und Muster aussehen und dieser unvergleichliche Schnitt."
70 Denn natürlich wollten auch sie nicht als dumm gelten.

„Aber er hat ja gar nichts an!", sagte endlich ein kleines Kind erstaunt.
Der eine zischelte dem andern zu, was das Kind gesagt hatte.
„Aber er hat ja gar nichts an!", rief zuletzt das ganze Volk.
Der Kaiser wurde nachdenklich, denn das Volk schien ihm recht zu
75 haben, aber er dachte bei sich: „Nun muss ich bis zum Ende aushalten."
Und dann hielt er sich noch stolzer und die Kammerherren gingen und trugen die Schleppe, die gar nicht da war.

Hans Christian Andersen

1
- Was machten die zwei Betrüger mit der feinen Seide und dem prächtigen Gold?

- Die Leute sollten in der Nacht vor dem Fest glauben, dass die Betrüger arbeiten. Wie machten die Betrüger das?

- Warum tun alle so, als hätte der Kaiser Kleider an?

Masken für ein Theaterstück basteln

Ihr braucht für zwei Masken:
- einen großen, runden Luftballon
- Schüssel, Tapetenkleister und Wasser
- Zeitungspapier, Küchenrolle
- Schere, Gummiband
- Farben und Pinsel
- Wolle, Stoffe, Tonpapier, Eierkarton

Reißt das Zeitungspapier in kleine Stücke und rührt den Kleister an. Beklebt den aufgeblasenen Ballon mit mindestens vier Lagen bekleistertem Zeitungspapier. Lasst den Luftballon 24 Stunden trocknen.

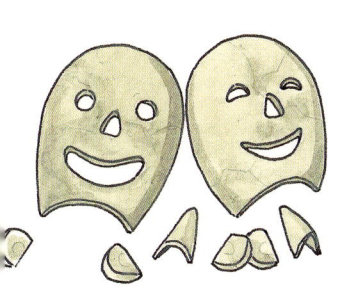

Schneidet ihn längs in zwei Hälften. Jetzt habt ihr zwei Masken. Malt Öffnungen für Augen und Mund auf. Schneidet sie dann aus. Formt Ohren, Nase, Lippen und Augenbrauen und klebt sie auf. Bedeckt alles wieder mit bekleistertem Zeitungspapier. Lasst eure Masken trocknen.

Klebt mit Kleister noch drei Schichten Küchenkrepp über euer Kunstwerk. Die Öffnungen bleiben frei. Lasst die Masken wieder trocknen. Stecht zwei Löcher in die Seiten der Masken und befestigt das Gummiband. Bemalt eure Masken. Ihr könnt auch Haare aus Wolle basteln.

1 Bastelt Masken für das Märchen „Des Kaisers neue Kleider".

2 Schreibt das Märchen als Theaterstück um.

(Kaiser steht vor dem Spiegel und betrachtet sich.)
Kaiser: Ich brauche dringend ein neues Gewand.
(Betrüger treten auf.)
Betrüger: Wir machen Kleider aus den wunderbarsten Stoffen.

→ S. 201: Theater spielen

Vorhang auf

Die Theaterbühne hat oft einen Vorhang, der nach den einzelnen Szenen zugezogen werden kann. Dann kann das Bühnenbild verändert werden, ohne dass es die Zuschauer sehen.

Das Bühnenbild heißt auch Kulisse. Dazu gehört alles, was aus Papier,
5 Pappe oder Stoffen dargestellt wird, zum Beispiel der Himmel, Bäume, aber auch Straßen mit mehreren Gebäuden. Das Bühnenbild wird erst als kleines Modell gebastelt. In der Theaterwerkstatt bauen und bemalen Handwerker dann die Kulissen.

Auf dem Schnürboden oberhalb der Bühne sind Stangen
10 angebracht. An diesen sind Schnüre befestigt, mit denen das Bühnenbild hochgezogen oder herabgelassen werden kann. Auch ein Schauspieler kann von der Bühne in die Höhe gezogen werden, sodass er fliegt.

Requisiten sind die Dinge, die auf der Bühne von den Schauspielern
15 benutzt werden, zum Beispiel Möbelstücke oder Geschirr. Das Wort Requisit bedeutet Zubehör. Dieses wird in der Requisite gelagert.

Die Souffleuse (sprich: Sufflöse) hilft, wenn ein Schauspieler im Text stecken bleibt. Sie flüstert ihm dann ein Stichwort zu. Damit man sie nicht sieht, sitzt sie in einem Kasten im vorderen Bühnenteil.

20 Der Beleuchtungsmeister ist für die richtige Einstellung der Scheinwerfer verantwortlich. Jede Szene braucht eine eigene Beleuchtung, die zur Stimmung und zum Bühnenbild passt.

Für die Musik ist der Tonmeister zuständig. Er sorgt für die Hintergrundmusik. Musik wird auch verwendet, um etwas anzukündigen
25 oder hervorzuheben.

Für ihre verschiedenen Rollen benötigen die Schauspieler und Schauspielerinnen immer andere Kostüme. Viele dieser Kleidungsstücke werden im Kostümfundus aufbewahrt.

Vor ihrem Auftritt werden die Schauspieler geschminkt und frisiert.
30 Das machen die Maskenbildner. Sie stellen auch passende Perücken her.

1 Erklärt das Bild mithilfe des Textes.

Schmökertext

Über mich und meinen blöden ersten Schultag

Ich heiße Martin und bin elf Jahre alt.
Eigentlich bin ich ein ganz normaler Junge. Ein bisschen dick vielleicht. Mein Gesicht ist nicht dick, aber vom Hals an abwärts geht's aufwärts mit dem Gewicht. (Beleibt habe ich irgendwo aufgeschnappt.
5 Das Wort gefällt mir.)
Und das Zweite, was mich nicht so aussehen lässt, wie ich gerne aussehen würde, ist meine grauenvolle Brille. Sie hat zentimeterdicke, viereckige Gläser, hinter denen meine Augen winzig klein wie Stecknadelköpfe sind, und obendrein noch einen feuerroten Rand.
10 Damit muss ich jetzt herumlaufen, weil der Verkäufer damals zu meiner Mutter gesagt hat: „Das ist ein todschickes Modell. Peppig, richtig fetzig ist das!"
Mit der Brille sehe ich aus wie eine vierzigjährige Fernsehmoderatorin. Ich hoffe ja immer noch, dass das Ding im Sportunterricht mal
15 kaputtgeht. Das ist auch der einzige Grund, warum ich überhaupt beim Sport mitmache.

Als ich meine Mutter überreden wollte, mir eine neue Brille zu kaufen oder besser noch Kontaktlinsen (meine blauen Augen gefallen mir nämlich ganz gut, nur sieht
20 man sie hinter der Brille kaum), hat sie mich ganz erstaunt gefragt: „Waaaaaas? Die Brille ist doch todschick, richtig peppig schaust du damit aus! Und sie hat eine Stange Geld gekostet." Jetzt könnt ihr euch ja ungefähr vorstellen, dass ich nicht gerade ein Schönling bin.

25 Ich weiß noch genau, wie ich damals mit meiner Mutter in der großen Aula saß, zusammen mit vielleicht hundert anderen, und darauf gewartet habe, in meine neue Klasse eingeteilt zu werden. Mann, hab ich mich unwohl gefühlt. Meine Mutter hatte mich in ein hellrosa Hemd gezwängt (sie sagte dazu lachsfarben – topmodern!),
30 wegen des festlichen Anlasses und so.

Die Farbe des Hemdes hat sich ziemlich mit meiner roten Brille gebissen und außerdem saß es ziemlich knapp. Ich war gerade ein paar Tage vorher wegen meiner Plattfüße beim Arzt gewesen und der hatte mich schräg angesehen und gesagt, ich hätte wohl wieder zugenommen. Ich fühlte mich an diesem ersten Schultag also absolut nicht wohl in meiner Haut. Auf dem Platz vor mir saß ein Junge mit blonden Haaren und Surferklamotten, der die ganze Zeit Kaugummiblasen machte und sie laut platzen ließ. Seine Mutter störte das nicht, aber meine.

„Kannst du mal aufhören mit dem Geknalle, man wird ja taub und hört nicht mehr, was der Direktor erzählt."

Der Junge hat sich umgedreht und meine Mutter angegrinst. Er hat eine riesengroße Kaugummiblase gemacht und sie besonders laut knallen lassen.

„Aber Lucas", hat seine Mutter zu ihm gesagt. „Jetzt warte doch bis nachher, ja?" Mama sah aus, als ob sie bald platzen würde.

„Was ist denn das für ein Rotzlöffel", hat sie wütend gesagt. „Geht mir noch nicht mal bis zum Nabel und führt sich auf wie der King persönlich!" Mama war so laut, dass sich gleich die Leute aus der Reihe vor uns umdrehten. Nur Lucas und seine Mutter nicht. Mir war das alles peinlich.

Der Direktor hatte damit begonnen, die neuen Schüler aufzurufen, um sie in Klassen einzuteilen. Ich war ziemlich aufgeregt, weil mein Name bald dran sein würde. Ich heiße nämlich Ebermann mit Nachnamen. Der blonde King Lucas aus der Reihe vor mir wurde aber tatsächlich noch früher aufgerufen, weil er Berger heißt. Er ist lässig nach vorne gegangen und hat dabei Kaugummiblasen gemacht. Nachdem Lucas die Treppe zur Bühne hochstolziert war, wurde er in die Klasse 5c eingeteilt. Ein blasser Lehrer, der aussah, als ob er gleich umkippte, hat Lucas nur ganz kraftlos die Hand hingehalten. Lucas hat sich breitbeinig oben hingestellt und weiter Kaugummiblasen gemacht. Ich fand es grauenvoll, jetzt gleich da hochzumüssen, so beleibt und mit der grausigen Brille. Wenn ich bloß nicht zu diesem Schönling Lucas in die Klasse kam!

„Ebermann, Martin", riss mich die Stimme des Direktors aus meinen
Überlegungen und Mama stieß mich an.
„Los, hoch!", flüsterte sie und schob mich auf den Gang. Mann, war das
furchtbar. Ich hatte das Gefühl, alle glotzen mich an und kichern.
Auf der Bühne ließ Lucas eine Kaugummiblase platzen und feixte mich
an. Ich merkte, wie ich rot wurde (Weiterlaufen!), wie mein Hemd
auf dem Rücken klebte (Wieso gucken die mich alle an?), wie die Brille
auf der Nase rutschte (Hilfe, gleich kommt die Treppe!), wie mein Hals
trocken wurde (Hoffentlich muss ich nicht reden!) und die Hose ein
bisschen rutschte (Festhalten!!! Festhalten!!!). Dann ging es die Stufen
hoch. Eins, zwei, dr... Zack!

Da lag ich dann.
Natürlich bin ich gestolpert. Natürlich.
Ich habe im Stolpern noch überlegt, was
peinlicher ist: liegen bleiben und sich
tot stellen oder aufstehen und da hoch-
klettern. Ich habe mich aufgerichtet.
Einer von den Lehrern ist mir entgegen-
gekommen und hat mir die Hand hin-
gestreckt, damit ich leichter aufstehen konnte. Noch nie, niemals
in meinem Leben, war mir irgendetwas so peinlich gewesen.
Ein hübsches Mädchen in der ersten Reihe lachte laut.
„Ebermann, Martin", hat der Direktor noch einmal gesagt. „5c!"
Ich bin wie im Traum dahin gelaufen, wo der blasse Lehrer der
zukünftigen 5c stand. Und ein paar grinsende Jungs. Und natürlich
King Lucas. Ich habe mich nicht genau neben ihn gestellt, aber ich habe
es trotzdem gehört. Ein Quieken. Dann ein Grunzen. „Mister Piggy,
der Eber", hat Lucas den beiden anderen Jungen neben ihm zugezischt.
Und die haben gegrinst.
Da stand ich, beleibt, in einem hellrosa Hemd (lachsfarben!), mit einer
todschicken Brille und einem eingerissenen Hosenbein und habe mich
ans andere Ende der Welt gewünscht. Und Rache habe ich geschworen,
heiße Rache.

Juma Kliebenstein, Alexander Bux

Was Kinder über Kleidung sagen

T-Shirts mit Bildern in den Farben grün, gelb, blau und rot finde ich gut. Ich ziehe am liebsten Jeans an. Bei Festen trage ich gern eine graue Jeans und ein weißes Hemd. Mäntel sind nicht cool. Haare, die wie ein Hahnenkamm hoch stehen, finde ich blöd. *Mathias, 10 Jahre*

Bei Mädchen finde ich dunkelblaue Jeans und dazu ein klein gemustertes T-Shirt mit Glitzersteinen schön. T-Shirts mit dummen Sprüche gefallen mir nicht. Bei Festen und Geburtstagen ziehe ich ein pinkfarbenes Kleid und Ballerinas an. Punkfrisuren und Hosen, die unten weiter sind, mag ich nicht. Auch Hosen, die Löcher haben, sehen nicht gut aus. Meine Sachen darf ich selber aussuchen. *Simone, 9 Jahre*

Ich finde Rüschenkleider blöd. Weiße und rosa Sachen gefallen mir gar nicht. Gerne ziehe ich T-Shirts mit Pferdeaufdruck an. Dazu setze ich eine Basecap auf. Das sieht richtig cool aus. Kleine Ohrringe finde ich süß. *Lena, 9 Jahre*

Ich finde schwarze Kleider cool. Bei Festen fühle ich mich in Kleidern mit vielen Glitzersteinen am besten. In der Schule ziehe ich am liebsten schwarze Hosen und lange Tops an. Miniröcke finde ich peinlich. *Bernadette, 10 Jahre*

Ich finde schwarze Kleidung überhaupt nicht gut. Auch rosa Sachen sehen total schlimm aus. Meine Jeans dürfen unten nicht weiter sein. Wenn Mädchen bunte Sachen anhaben, finde ich das gut. *Tim, 10 Jahre*

Ich habe die gleiche Meinung wie Tim.

1 Welche Kleidung gefällt dir besonders gut, welche gar nicht?

2 Male dich in deiner Lieblingskleidung.

Sachensammler

Wenn dir neue Federn wachsen,
denk an mich, Fasan.
Schenk mir deine alten Federn!
Denke aber dran!

Lass sie ja nicht irgendwo
in den Büschen liegen,
denn ich brauch sie unbedingt,
aber nicht zum Fliegen.

Nein, ich bin ein Sachensammler
und jetzt wirst du lachen:
Was du wegschmeißt, zählt für mich
zu den schönsten Sachen.

Josef Guggenmos

Sich mit fremden Federn schmücken.

Da platzt mir aber der Kragen.

Das nehme ich auf meine Kappe.

Ich weiß, wo dich der Schuh drückt.

1 Erkläre die Redewendungen.

2 Suche weitere Redewendungen.

S. 194: Ein Akrostichon schreiben

Diese Mode ist in

Im Sachunterricht hat die Klasse 4b gelernt, dass Verpackungen recycelt werden.

Als besondere Form der Wiederverwertung veranstalteten sie eine Müll-Modenschau. Eifrig sammelten sie dafür Plastiktüten, Tetrapaks, Kronkorken, Plastikbecher, Folien, Konservendosen, alte Kassetten und CDs, Pappen und Schaumstoffreste.
Bald konnte die große Modenschau starten. Alle Zuschauer waren begeistert.

1. Was ist in, was ist out? Erstellt eine Tabelle für eure Klasse.

in	out
Kapuzenshirt	Latzhose
Röhrenjeans	Minirock
...	...

2. Macht eure eigene Müll-Modenschau.

Auf dem Weg zum Leseprofi

Die eigene Meinung zu einem Thema bilden

Um dir eine Meinung zu bilden, ist es wichtig, dass du verschiedene Informationen zu einem Thema hast.

So schaffst du das

- Lies den ganzen Text.
- Sammle die verschiedenen Informationen zu dem Thema.
- Überlege, welche Meinung du dazu hast.
- Begründe deine Meinung mithilfe des Textes.

Welche Meinung zu Schulkleidung hast du? Begründe.

Schulkleidung

Eigentlich möchte jeder gerne cool aussehen und sich modisch kleiden. Viele Kinder leiden aber darunter, sich die teure Markenkleidung nicht leisten zu können und deshalb nicht „in" zu sein.

Tom aus New York ist an einer Schule, an der es nicht erlaubt ist, ein Kleidungsstück mit einer Aufschrift zu tragen, auch kein T-Shirt. Außerdem darf er keine Turnschuhe anziehen, wirklich uncool. Selbst seine Haare darf er nur nach bestimmten Vorschriften frisieren.

Jenny aus York in England macht sich für die Schule fertig. Auf dem Stuhl liegen schon der blaue Faltenrock und die weiße Bluse. Das ist ihre tägliche Schulkleidung. Zu ihr gehören auch die karierten Kniestrümpfe und die weinrote Krawatte. Die kann sie sich inzwischen selbst knoten. Bevor sie das Haus verlässt, zieht sie noch den Blazer mit dem Schulwappen an. So kann jeder gleich sehen, zu welcher Schule sie gehört. Es gefällt Jenny, dass kein Schüler durch besondere Kleidung hervorsticht. Sie freut sich aber, dass sie am Nachmittag ihre heiß geliebten Jeans anziehen kann.

Melek wohnt in Berlin. Jeden Morgen steht sie lange vor ihrem Kleiderschrank und überlegt, was sie heute anziehen soll: das lila Shirt mit den Glitzersteinen oder das hellblaue Top? Und dazu die neue verwaschene Röhrenjeans oder die schwarze weite Hose? Die Flip-Flops oder die Stoffschuhe? Welche Frisur? Welcher Schmuck? Melek möchte gerne auffallen und cool aussehen. So steht sie bestimmt im Mittelpunkt und wird nicht zur Außenseiterin.

Jan geht in Hamburg zur Schule. Wie fast jeden Morgen zieht er Jeans und eines seiner vielen T-Shirts mit Aufdruck an. Darüber darf seine graue Sweat-Jacke mit Kapuze nicht fehlen. An den Füßen trägt er Turnschuhe. So fühlt sich Jan wohl.

An der Schule von Sara und Jonas in Freiburg haben sich die Schüler für eine einheitliche Kleiderordnung entschieden. Sie tragen ein graues T-Shirt oder Sweat-Shirt mit dem Schullogo. Was sie dazu anziehen wollen, dürfen sie selbst auswählen. Mit dieser Regelung sind alle zufrieden.

Wasser und Wetter

Der Wind zieht seine Hosen an

Der Wind zieht seine Hosen an,
die weißen Wasserhosen!
Er peitscht die Wellen, so stark er kann,
die heulen und brausen und tosen.

Aus dunkler Höh, mit wilder Macht,
die Regengüsse träufen.
Es ist, als wollt die alte Nacht
das alte Meer ersäufen.

An den Mastbaum klammert die Möwe sich
mit heiserem Schrillen und Schreien.
Sie flattert und will gar ängstiglich
ein Unglück prophezeien.

Heinrich Heine

1 Trage das Gedicht so vor, als wärst du an Bord des Schiffes.

2 Male zum Gedicht ein Bild in passenden Farben.

Wolkenzauber

Leg dich mal auf den Rücken
und guck den Himmel an,
dann werde ich dir zeigen,
wie man mit Wolken zaubern kann.

Ich greife ohne Mühe
nach der hohen weißen Watte,
ich zupfe sie in Stückchen
und knete Wolkenkühe.

Siehst du die große Dicke?
Die biege ich zu einem Elefant
und die drei Zerklüfteten
form ich zu einem Felsenland.

Jetzt nehme ich die Grauen,
ob man 'ne Burg draus bauen kann?
Du kannst doch Super-Burgen bauen –
also bist du jetzt dran.

Und sind mal keine Wolken da,
dann haben wir ein Meer.
In dem tiefen, weiten Blau
tauchen wir umher.

Martin Klein

Wolken am Himmel,
Gebilde wie aus Watte
ziehen durch das Blau.

W ir liegen im Gras.
O ben ziehen Wolken dahin.
L eicht und weiß wie Watte sind sie.
K annst du auch Wolkentiere sehen?
E ben waren sie noch da.
N un sehe ich ein mächtiges Gebirge.

1 Schreibe eines der Wolkengedichte ab und gestalte es.

2 Schreibe selbst ein Wolkengedicht.

➜ S. 194: Ein Akrostichon schreiben
S. 197: Einen Text am Computer gestalten

Besuch in der Wetterwarte

Wetterbeobachter Josef Reuter erzählt:

In unserer Wetterwarte beobachten wir das Wetter. Wir prüfen den Niederschlag: ob es regnet oder neblig ist, ob Tau und Reif auf den Gräsern zu sehen ist. Außerdem betrachten wir die Wolken. Wie bedeckt
5 ist der Himmel und welche Wolkenart ist zu sehen? Oder scheint die Sonne? Alle diese Beobachtungen müssen wir natürlich mit den genauen Messwerten unserer Instrumente ergänzen.
Hinter der Wetterwarte steht unsere Wetterhütte. Solche Wetterhütten gibt es überall auf der Erde und sie funktionieren alle gleich. Das ist
10 wichtig, damit wir alle Messergebnisse miteinander vergleichen können. Hier ist das Thermometer, an dem wir die höchste und die tiefste Temperatur für jeden Tag ablesen können. Daneben ist das Barometer. Es zeigt an, ob wir in einem Hoch- oder Tiefdruckgebiet stecken.
Für die Windmessung steht dieser Mast vor der Hütte. An der
15 kleinen Wetterfahne auf der Spitze sehen wir, aus welcher Richtung der Wind weht. Das kleine Rädchen, das sich so schnell dreht, ist das Anemometer. Es zeigt die Windstärke an.

Diesen Behälter an der Stange nennen wir Pluviometer. Damit können wir genau messen, wie viel Niederschlag
20 gefallen ist.
Die Glaskugel bei diesem Heliografen fängt die Sonnenstrahlen ein und bündelt sie, sodass sie auf dem Papierstreifen eine Spur einbrennen. Abends können wir
25 daran ablesen, wann und wie lange an diesem Tag die Sonne schien.

Mithilfe all dieser Messergebnisse werden die Wetterkarten erstellt. Außerdem können wir damit auch
30 etwas über die langfristigen Wetterveränderungen sagen.

Hier gibt es viele Fachbegriffe. Ich kann sie aber jetzt erklären.

Die Kinder dürfen Herrn Reuter noch Fragen stellen:

Philipp: Haben Sie auch schon einmal im Fernsehen die Wetterkarte erklärt?

Herr Reuter: Nein, das machen die Metereologen. Sie sagen das Wetter voraus. Wir beobachten nur, wie das Wetter gerade ist.

Miriam: Gibt es auch woanders noch Wetterwarten?

Herr Reuter: Oh ja, in Deutschland sind es insgesamt 81. Außerdem gibt es noch 173 Wetterstationen.

Carlo: Was ist der Unterschied zwischen dieser Wetterwarte und einer Wetterstation?

Herr Reuter: In einer Wetterwarte arbeiten Menschen rund um die Uhr. Eine Wetterstation dagegen besteht nur aus Instrumenten. Ehrenamtliche Wettermelder lesen hier täglich einmal die Messergebnisse ab und melden sie an uns weiter.

- sehr wenig Niederschlag
- wenig Niederschlag
- mittlerer Niederschlag
- viel Niederschlag

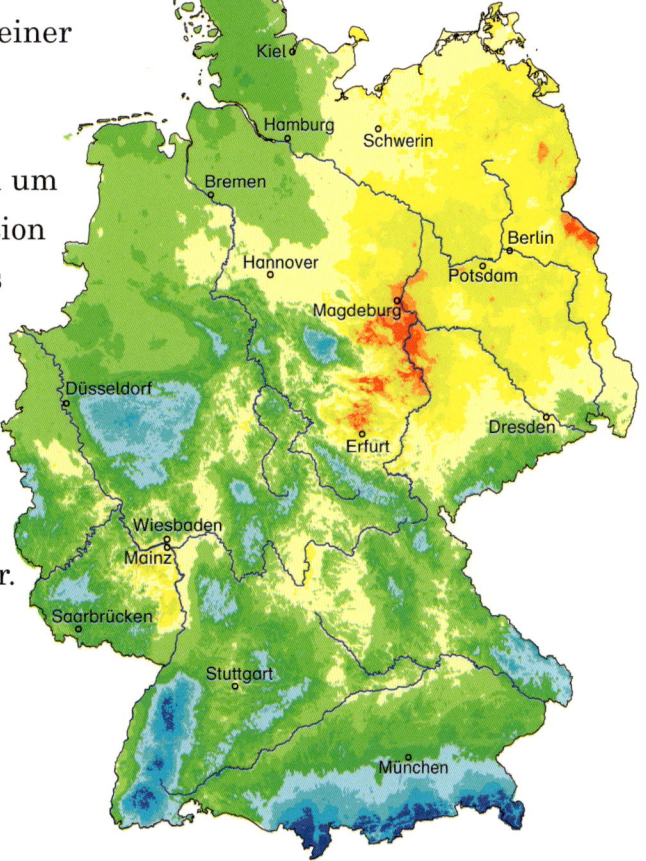

1 Welche Messgeräte werden beschrieben? Erkläre sie.

2 Betrachte die Niederschlagskarte. Wohnst du in einer Gegend mit viel oder wenig Niederschlag?

Zwei Stunden lang tobte das Unwetter über der Stadt.

Bauer Eisold steht vor dem Nichts

Der Hagel, der in der Nacht zum Freitag niederging, hat zahlreiche Äcker verwüstet. Durch den Ausfall der Ernte verlieren die Bauern über eine Million Euro.

Die Feuerwehr war bei dem Unwetter am Donnerstag im Dauereinsatz. Nach dem heftigen Regen liefen viele Keller voll Wasser. Mehr als 40 Notrufe erreichten die Rettungskräfte zwischen 21 und 23 Uhr.
Den Bauern jedoch machte in erster Linie der Hagel zu schaffen. Gregor Eisold betrachtet verzweifelt die Reste seines Salatfeldes. Da ist kaum noch etwas übrig geblieben. Wie abgerupft liegen überall die Blätter auf dem Boden. Auch auf den umliegenden Äckern ist der Schaden deutlich sichtbar, den der Hagel verursacht hat. „Das Unwetter kam zu plötzlich, sonst hätten wir unsere kostbaren Kartoffelpflanzen noch mit einer Plane abdecken können", sagt Gregor Eisold. „Nun sind sie nicht mehr zu retten." Mit dieser Ernte können die Bauern kein Geld mehr verdienen. Zum Glück sind wenigstens die Gewächshäuser mit Tomaten, Gurken und Paprika unversehrt geblieben. Ein Lichtblick nach der schaurigen Unwetternacht.

1
- Was geschah in vielen Kellern?
- Warum machte den Bauern in erster Linie der Hagel zu schaffen?
- Warum ist es ein Lichtblick, dass die Gewächshäuser nicht zerstört wurden?

Der musikalische Wasserhahn

Text: Klaus W. Hoffmann
Musik: Klaus W. Hoffmann, Rudi Mika

1. Es war einmal ein Wasserhahn, der tropfte pausenlos, und jeder, der ihn hörte, fand den Rhythmus ganz famos.
Er tropfte nicht nur einfach so, wie's jeder Hahn versteht, sein Rhythmus war voll Schwung und Pep und Musikalität.

Refrain:
Tipitipi tup tup, tropft der Rhythmus, tipitipi tup tup, immer zu. Tipitipi tup tup tup, der Wasserhahn gab einfach keine Ruh.

2. Die Tassen applaudierten
und das Handtuch rief entzückt:
„Dein Rhythmus, lieber Wasserhahn,
klingt ja total verrückt!"
Die Messer und die Gabeln
tanzten quietschvergnügt umher
und auch dem alten Suppentopf
gefiel der Rhythmus sehr.

3. Der Flötenkessel tanzte mit
und pfiff die Melodie.
Die Teller klapperten im Takt
mit sehr viel Fantasie.
Die Töpfe schepperten im Schrank,
die Gläser klirrten leis,
der Abfalleimer rülpste laut
und drehte sich im Kreis.

Schmökertext

Der vergrabene Schatz

Mama hatte Jeremy James eine sehr aufregende Geschichte über Räuber vorgelesen, die ihre Beute tief in der Erde vergruben, damit niemand sie fand. Jeremy James überlegte sich: Wenn es überhaupt Räuber in dieser Gegend gab, konnte eigentlich nur ein Platz für das Vergraben eines Schatzes in Frage kommen. Und so holte er sich am nächsten Morgen seine Strandschaufel und marschierte in den Garten, auf der Suche nach Glück und Ruhm.

Jeremy James grub und grub und grub. Endlich stieß seine Strandschaufel gegen etwas sehr Hartes. Er ging auf Hände und Knie und kratzte die Erde von der Schatzkiste weg. Sie war aus Metall und so hart, dass
5 bestimmt die allerbesten Juwelen drin waren. „Aha!", sagte Jeremy James jetzt und fing an, rings um die Schatzkiste zu graben. Er grub und zerrte und schob und drückte und schnaufte und stöhnte
10 und wühlte und riss und fauchte und rackte – aber die Schatzkiste rührte sich nicht.
Jeremy James überlegte. Es gab offenbar keine Möglichkeit für ihn, die Schatzkiste aus der Erde zu kriegen. Etwas Spitzes müsste man
15 haben und damit ein Loch in die Schatzkiste bohren. Im Schuppen fand er bald, was er brauchte. Jeremy James schleppte die Spitzhacke über den Rasen hin zu seiner goldenen Zukunft …
Die Spitzhacke war wirklich sehr schwer, aber Jeremy James war fest entschlossen. Als Spitzhacke und Schatzkiste miteinander
20 Bekanntschaft machten, gab es einen lauten Krach. Immerhin, eine anständige Beule war zu sehen. Jeremy James zielte noch einmal und wuchtete die Spitzhacke gen Himmel. Als sie herniederkrachte, gab es ein wunderbares, spitzes Geräusch, als die Spitze durch das Metall drang, und dann geschah etwas sehr Seltsames.

25 Irgendetwas zischte laut und schoss hoch in die Luft und als es wieder runterkam, da war es furchtbar nass und Jeremy James stand plötzlich unter der kältesten, stärksten Dusche,
30 die er je erlebt hatte.
In der nächsten Stunde (oder zwei) passierten erstaunliche Dinge. Das Telefon stand kaum noch still, Männer kamen, Jeremy James wurde in sein
35 Zimmer geschickt und Papa unterhielt sich mit einem großen Mann mit rotem Gesicht. Nachbarn klingelten an der Haustür, die Männer rannten zwischen Haus und Garten hin und her und
40 als Jeremy James aufs Klo musste, ging die Spülung nicht und als er zu Mama sagte, die Spülung geht nicht, schickte sie in wütend wieder in sein Zimmer und als schließlich alle
45 gegangen waren, sah der Garten wie ein Planschbecken aus und im Haus waren lauter dreckige Fußabdrücke und Mama sagte, das sei seine Schuld – dabei waren die Füße hundertmal größer als seine. Und Papa kam nach oben und erklärte ihm, er dürfe nie wieder die Spitzhacke nehmen oder irgendwo graben
50 oder so einen Schlamassel anrichten.
Jeremy James dachte über die Ungerechtigkeit der Welt nach. Natürlich musste das viele Wasser allerhand Schwierigkeiten gemacht haben, aber schließlich wären sie alle froh gewesen, wenn er ins Haus gekommen wäre, die Taschen voller Gold und Silber ... Wie konnte man
55 bloß ihm die Schuld daran geben, dass die dämlichen Räuber statt Gold eine Kiste mit Wasser vergraben hatten!

David Henry Wilson, Axel Scheffler

Experimente rund um Wasser und Wetter

Superkaltes Eiswasser

Du brauchst:
- ein Glas
- Eiswürfel
- Salz
- ein Thermometer

Fülle das Glas mit Eiswürfeln und gieße Wasser dazu. Lies jetzt die Temperatur ab. Das Thermometer zeigt ungefähr null Grad an.
Nun bestreue die Eiswürfel großzügig mit Salz.

Was passiert?

Das Eis schmilzt und die Temperatur im Glas sinkt und sinkt. Sie kann bis minus 12 Grad sinken! Obwohl das Wasser weit unter null Grad kalt wird, gefriert es nicht.
Salzwasser friert erst bei weniger als minus 15 Grad.

Warum wird Salz gestreut?
Bei großer Kälte streuen Fahrzeuge des Winterdienstes Salz auf die Hauptverkehrsstraßen. So wird das gefrorene Wasser wieder flüssig. Es ist zwar weiterhin unter null Grad kalt, aber solange es nicht unter minus 15 Grad oder kälter ist, wird das Salzwasser nicht gefrieren!

Im Internet findest du noch weitere Experimente.

Das Rätsel der Eisberge

Du brauchst:
- Wasserbomben (kleine Luftballons)
- ein großes Gefäß mit Wasser

Fülle einige Wasserbomben mit Wasser und friere sie ein. Dann befreist du die Eisbomben aus dem Gummi und lässt sie in das Gefäß mit Wasser gleiten.

Was passiert?

Die großen Eisbomben schwimmen! Der Großteil des Eises ist allerdings unter dem Wasser, nur wenig ragt heraus.
Wasser hat eine seltsame Eigenschaft: Wenn es gefriert, wird es leichter. Weil der Großteil eines Eisbergs unter der Wasseroberfläche ist, kann er für die vorbeifahrenden Schiffe zum Verhängnis werden.

Auf dem Weg zum Leseprofi

Fachbegriffe verstehen

In Sachtexten stehen oft Fachbegriffe. Manche werden im Text erklärt, andere musst du nachschlagen.

So schaffst du das

- Lies den ganzen Text. Notiere dabei die Fachbegriffe, die du nicht kennst.
- Prüfe, welche Fachbegriffe im Text erklärt werden.
- Informiere dich im Lexikon, in einem Sachbuch oder im Internet, was die anderen Fachbegriffe bedeuten.
- Lies den Text noch einmal. Verstehst du jetzt alles?

Erkläre deinem Partner die markierten Fachbegriffe. Zwei Begriffe werden im Text erklärt.

Wettersatelliten

Viele hundert Satelliten umkreisen unsere Erde. Sie wurden von Menschen gebaut und mit Raketen in den Weltraum gebracht. Einige davon beobachten aus großer Höhe das Wetter überall dort, wo es von der Erde aus nicht möglich ist – also über Ozeanen oder
5 Gebieten, in denen kaum Menschen leben –, zum Beispiel über Gebirgen, Steppen oder Wüsten.

Es gibt geostationäre Wettersatelliten und polarumlaufende Wettersatelliten.

Die geostationären Wettersatelliten umkreisen die Erde über dem
10 Äquator in der unglaublichen Höhe von 38.500 Kilometer. Von der Erde aus gesehen bleiben sie scheinbar unbeweglich immer an der

gleichen Stelle stehen. Sie bewegen sich nämlich mit der gleichen Geschwindigkeit um die Erde, wie sich die Erde um sich selbst dreht. Deshalb beobachtet ein geostationärer Wettersatellit immer denselben Bereich in der Nähe des Äquators. Alle 5 bis 30 Minuten sendet er ein Bild vom Wettergeschehen über diesem Gebiet zur Erde. Darum sind mehrere geostationäre Wettersatelliten im Weltraum.

Die polarumlaufenden Wettersatelliten beobachten das Wetter über den Nord- und Südpolgebieten. Dazu umkreisen sie die Erde in 800 Kilometer Höhe ständig über die Pole hinweg. Für eine Umrundung brauchen sie etwa 100 Minuten.

Die Messergebnisse aller Satelliten zusammengenommen verbessern die Wettervorhersagen auf der ganzen Erde. So können die Menschen vor Unwettern, also vor Gewittern und Wirbelstürmen gewarnt werden. Auch Vulkanausbrüche und große Ölverschmutzungen der Meere erkennen die Satelliten frühzeitig.

Alte, ausgediente Satelliten umkreisen als Weltraumschrott die Erde noch sehr lange. Sie sind eine Gefahr für andere Raumfahrzeuge. Weil sie beim Eintritt in die Atmosphäre meistens verglühen, wurden Menschen von ihnen bisher noch nie verletzt.

Leben in und an Gewässern

Seerosen

Claude Monet

Der französische Maler Claude Monet legte in seinem Garten einen Seerosenteich an. Er malte den Teich immer wieder: zu unterschiedlichen Tages- und Jahreszeiten, bei Sonnenschein, trübem Wetter und Nebel. So zeigte jedes Bild eine andere Stimmung.

1 Male einen Teich mit Wasserpflanzen.

Die Kaulquappe

Die Kaulquappe schwänzelt im Teich herum
und weiß alles besser.
Vor allem die Frösche findet sie dumm,
die Fliegenfresser.
Wenn ich seh, wie sie hopsen, da kann ich nur lachen.
An Land ist es öde.

Und wenn sie verliebt sind und Quellaugen machen!
Mir wär das zu blöde.
Das Komischste find ich, im Chor zu koaxen.
Da bin ich gescheiter.
„Auch dir", sprach der Frosch, „werden Beine wachsen,
dann reden wir weiter."
Michael Ende

Der Frosch

Der Frosch, der Frosch, der schwimmt nicht schlecht
und liebt das Wasser sehr.
Doch weiter unten schwimmt der Hecht,
der liebt die Frösche sehr.
Gerd Bauer

✏️ **1** Gestalte eines der Gedichte.

→ S. 197: Einen Text am Computer gestalten
S. 200: Texte und Bilder ausstellen

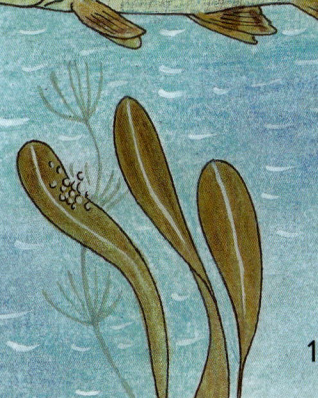

Die erste Reise

Juan Elcano saß schon den ganzen Tag an der Hafenmole von Palos.
Juan stand auf. Er versuchte, sich so selbstsicher wie möglich zu geben,
als er auf den groß gewachsenen Mann zutrat,
der neben einem Stapel Fässer stand und ihre Zahl
5 anhand einer Liste kontrollierte. Der Mann warf
einen kurzen Blick auf Juan. „Was ist?", brummte er.
„Ich möchte gerne Schiffsjunge werden."
Der Mann blieb stehen und drehte sich zu Juan um.
„Weißt du eigentlich, mit wem du redest?"
10 Juan schüttelte den Kopf.
„Mein Name ist Martin Alonzo Pinzon."
„Und ich heiße Juan Sebastian Elcano."
Pinzon stieß Juan beiseite. Doch so leicht ließ
der Junge sich nicht abwimmeln. „Bitte, wenn es darauf ankommt,
15 kann ich für zwei arbeiten. Ich bin folgsam und lerne schnell."
„Nun, offensichtlich trifft weder das eine noch das andere zu."
Juan verschränkte die Arme vor der Brust und baute sich breitbeinig
vor Pinzon auf. „Ich werde Euch erst vorbeilassen, wenn Ihr mich in
eure Mannschaft aufnehmt."
20 Pinzon packte Juan beim Kragen, zerrte ihn zum Rand der Hafenmole
und versetzte ihm einen Tritt, woraufhin er in hohem Bogen ins
Wasser fiel.
Prustend tauchte Juan auf, schwamm wütend zu einer steilen Treppe
und kletterte tropfnass hinauf. Er hatte die letzten Stufen erreicht,
25 als ihm eine Hand entgegengestreckt wurde. Juan sah auf, konnte aber
wegen der tief stehenden Sonne nicht das Gesicht des Mannes erkennen.
Keuchend zog er sich aus eigener Kraft auf die Mole.
„Martin Alonso Pinzon ist ein harter Hund", sagte der Mann. „Das muss
er auch sein, denn er ist der größte Schiffseigner von Palos."
30 Juan musterte den Mann genauer. Der Kleidung nach war er eine
höhergestellte Persönlichkeit.

„Wer seid ihr?", fragte Juan. „Ihr klingt nicht, als wäret Ihr ein Spanier." „Das stimmt. Ich komme aus Genua. Was wirst du jetzt tun?" „Ich werde es erneut versuchen. Immer wieder. Bis mich dieser Pinzon
35 nimmt." „Warum?" Der Mann sah Juan ernst an.
„Ich möchte wissen, was sich hinter diesem Horizont verbirgt!" Juan deutete hinaus auf die See. Der Genuese stand auf und verschwand in eine der schmalen Gassen, die Palos durchzogen.
Juan wartete bis zum Einbruch der Dunkelheit, dann schlich er sich zu
40 einigen Kisten, die noch im Bauch des größten Schiffs verstaut werden sollten. Keiner der Männer, die die Ladung bewachten, merkte, wie er lautlos eine Kiste öffnete und sich darin verbarg. Juan versuchte sich vorzustellen, wie er sich im Kampf gegen heftige Stürme behauptete und unbekannte Inseln entdeckte. Fast glaubte er schon, das Auf und
45 Ab der Wogen unter sich zu spüren, als er merkte, dass sich die Kiste tatsächlich bewegte. Dann, nach einem Moment des Schwebens, fiel er und schlug hart auf.
Der Deckel wurde aufgerissen. Das Gesicht, in das er starrte, war wutverzerrt. Pinzon riss den Jungen aus seinem Versteck. Juan trat
50 wild um sich und traf den kräftigen Mann heftig. Pinzon ließ augenblicklich los. Bevor die anderen Männer überhaupt verstanden, was gerade geschehen war, sprang Juan über die Reling und tauchte ins Hafenbecken. „Wenn ich dich erwische, landest du im Kerker."
Juan dachte nach. Er würde es auf einem der beiden kleineren
55 Schiffe versuchen. Er wartete, bis der Mond hinter den Wolken verschwunden war. Die Wache vor dem dritten, dem kleinsten Schiff war eingeschlafen. Langsam, ohne ein Geräusch zu machen, ließ sich Juan ins Wasser gleiten. Vorsichtig schwamm er zum Schiff. Nichts war zu hören. Er kletterte den Rumpf hinauf. Das Deck des
60 Schiffs war leer. Behutsam schlich er zum Vorschiff, wo Segel gelagert wurden. Er kroch unter eines der Segel und schlief bald ein.
Geweckt wurde er jedoch auf eine höchst unsanfte Art.
Jemand packte ihn beim Hemd und riss ihn hoch.

„Leider befinden wir uns noch nicht auf hoher See, sonst wäre es mir eine Freude gewesen, dich als blinden Passagier einfach über Bord zu werfen." Pinzon drehte Juan den Arm auf den Rücken und zwang ihn so, vorauszugehen.

„Einen Moment", rief eine Stimme. Juan erkannte die Gestalt augenblicklich wieder. „Der Genuese!", sagte er überrascht.

Pinzon stöhnte auf: „Was wollt Ihr denn?"

„Von meinem Recht als Leiter der Expedition Gebrauch machen." Er wandte sich an Juan. „Dreimal hast du nun vergeblich versucht, einen Platz als Schiffsjunge zu finden. Was für eine Lehre ziehst du daraus?"

„Dass ich es ein viertes Mal versuche. Und wenn es sein muss, ein fünftes Mal. Oder ein sechstes Mal. Bis mein Traum in Erfüllung geht", sagte Juan.

Der Mann drehte sich zum Kapitän um. „Der Junge kommt mit. Ich mache ihn zu meinem persönlichen Schiffsjungen."

„Ich weiß nicht, wie ich Euch danken soll, Senor", stotterte Juan. „Ich kenne nicht einmal Euren Namen!"

„Oh, wie unhöflich von mir. Da treten wir gemeinsam eine solch lange Reise an und ich habe mich nicht vorgestellt", sagte der Mann und verneigte sich lächelnd. „Mein Name ist Christoph Columbus."

Peter Schwindt

> Christoph Columbus war doch ein berühmter Seefahrer. Über den möchte ich mehr wissen.

1 Warum versucht Juan immer wieder auf ein Schiff zu kommen?

2 Informiere dich über Christoph Columbus.

Frosch-Witze

Zwei Frösche sitzen auf einem Seerosenblatt.
Es fängt an zu regnen.
Da sagt der eine Frosch zum anderen:
„Schnell, springen wir ins Wasser,
sonst werden wir nass!"

Eine Froschfamilie trifft auf ihrem
Wochenendausflug einen Storch.
„Wau, wau, wau!", bellt der Vater.
Der Storch rennt Hals über Kopf davon.
„Da seht ihr, Kinder", meint die Mutter,
„wie wichtig Fremdsprachen sein können."

Die Hasen und die Frösche

Eines Tages versammelten sich die Hasen und klagten:
„Nie sind wir unseres Lebens sicher. Immer müssen wir Angst haben.
Die Menschen, die Hunde, die Adler – alle jagen sie uns!"
Darauf beschlossen die Hasen: „Wir machen ein für allemal Schluss.
Es ist besser, einmal zu sterben, als ständig in Todesangst zu leben!"
Sofort hoppelten sie alle zusammen an einen See, um sich darin
zu ertränken.
Rings um den See hockten Frösche im Schilf. Als sich die Hasen
dem See näherten, hüpften die Frösche voller Schreck ins Wasser.
Das sah ein alter Hase, der vernünftiger war als die anderen und rief:
„Hasen, hört mir zu! Springt nicht in den See! Ihr habt jetzt gesehen,
dass es noch unglücklichere Tiere gibt: Ihr Leben ist noch schwerer –
sie fürchten sich sogar vor uns!"

nach Aesop

1 Spielt die Fabel.

➔ S. 198: Einen Text als Comic gestalten
S. 201: Theater spielen

Die Stockente

Stockenten sind Gründelenten. Sie suchen am Gewässerboden nach Nahrung und stecken dazu den Kopf so weit unter Wasser, dass nur noch der Schwanz, auch Bürzel genannt, zu sehen ist.

Alle meine Entchen schwimmen auf dem See. Köpfchen in das Wasser, Schwänzchen in die Höh.

5 Beim Fressen im Wasser schnattern die Enten, weil sie ihren Schnabel schnell öffnen und schließen. Beim Öffnen ziehen sie mit der Zunge Wasser
10 durch die Schnabelspitze in den Schnabel hinein. Immer wenn sich der Schnabel schließt, fließt das Wasser wie durch ein Sieb aus dem Schnabel heraus. Zurück
15 bleiben kleine Wasserlebewesen und Wasserpflanzenteile.

Stockenten fressen Wasserpflanzen, Insekten, Würmer und Schnecken, aber auch Gras, Samen und Beeren. Sie gehen auch auf Wiesen und Feldern auf Nahrungssuche.

20 In der Brutzeit sind die Federn des Männchens hellgrau. Es hat eine braune Brust und einen grün glänzenden Kopf. Das Weibchen ist braun gemustert, damit es beim Bebrüten der Eier gut getarnt ist.
25 Außerhalb der Brutzeit tragen auch die Männchen ein unscheinbares Federkleid. Sie sind dann ebenfalls beige-braun. Auf dem ausgebreiteten Flügel haben Stockenten ein blaues
30 Flügelfeld. Man nennt es „Spiegel". Ihr Schnabel ist gelblich bis orange.

Die Stockenten sind die größten bei uns lebenden Enten:
Sie werden bis zu 56 cm lang und wiegen zwischen 700 und
1500 Gramm. Sie können 10 bis 15 Jahre alt werden.

35 Die Stockenten brüten am Boden oder in niedrigen Bäumen.
Sie bauen ein offenes Nest aus großen Halmen,
das innen mit den Daunen* des Weibchens ausgepolstert wird.
Wenn die Ente das Nest zum Futtersuchen verlässt,
deckt sie das Gelege mit den Daunenfedern zu.

40 Die Entenküken sind Nestflüchter, sie können gleich nach dem Schlüpfen laufen und schwimmen und werden dann von
45 der Mutter geführt und bewacht.

Wo es Seen, Teiche, Flüsse oder Pfützen gibt,
sieht und hört man oft
50 die Stockenten.

Die Männchen quaken vom Herbst bis zum
Frühjahr. Während der Balz* lassen sie
ein hohes Pfeifen hören, das wie „fihbib" klingt.
Die Weibchen quaken das ganze Jahr über.

Fips erklärt

Daunen:
weiche Federn unter dem äußeren Federkleid
Balz:
Partnersuche bei Tieren

1 Welche Informationen über die Stockente findest du besonders interessant?

2 Stelle ein anderes Tier vor, das am oder im Wasser lebt.

➡ S. 196: Ein Referat vorbereiten

Verwüstung im Teich

Malte und Lea sind in der der Schulgarten-AG. Am Montag gehen sie nach Unterrichtsende zum Schulteich, um die Kaulquappen zu beobachten. Lea bückt sich gerade hinunter, als ein Gegenstand knapp an ihrem Kopf vorbeizischt und im Teich landet, sodass sie
5 eine Ladung Wasser ins Gesicht bekommt.
„Welcher Idiot wirft Flaschen in den Teich?", ruft Malte und blickt sich um.
Er entdeckt Marla und ihre Freundinnen in der Nähe. Bis auf Marla haben alle Flaschen in der Hand und Marla sieht schadenfroh zu Lea.
10 Da rennt Lea auch schon auf sie zu und schreit: „Spinnst du? Hier steht doch ein Abfalleimer. Hol sofort die Flasche aus dem Teich und mach das ja nicht nochmal!"
Marla lächelt nur cool: „Du hast mir gar nichts zu sagen!"
Lea dreht sich um, läuft zum Teich und kommt mit einem
15 Eimer voll Wasser zurück. Sie schüttet ihn auf Marla und grinst nun ihrerseits schadenfroh. Wutschnaubend zieht Marla mit ihren Freundinnen ab.

„So, der habe ich es gegeben und jetzt raus mit der Flasche", sagt Lea zu Malte.
20 Malte fischt mit dem Kescher nach der Flasche, da landet wieder ein Wurfgeschoss im Teich und knickt eine Seerose um. „Zum Kuckuck! Was war das jetzt?", regt Malte sich auf. Lea holt mit ihrem Kescher einen kleinen Fußball aus dem Teich und gibt ihn Malte.
„He, das ist mein Fußball und das war keine Absicht. Der Ball ist
25 aus Versehen über den Zaun geflogen!", ruft Jakob und sein Freund Marco nickt zur Bekräftigung.
Malte erwidert ärgerlich: „Pech gehabt! Schon mal was von Umweltschutz gehört? Den Ball bekommst du nicht wieder."
Beleidigt gehen Jakob und Marco nach Hause
30 und murmeln:
„Ihr werdet schon sehen!"

Am selben Nachmittag macht Hausmeister Kuhn bei seiner
Kontrollrunde eine furchtbare Entdeckung. Überall im Teich schwimmt
Müll und der Abfalleimer daneben ist leer.

35 „Wer macht denn so etwas? Unser schöner Schulteich. Diese Umwelt-
sünder werden wir erwischen!"
Herr Kuhn benachrichtigt am nächsten Tag Frau Möller, die sofort
mit der Schulgarten-AG den Müll entfernt. Wütend vermutet Lea:
„Das haben bestimmt Marla oder Jakob aus Rache getan."

40 Frau Möller geht der Sache nach und befragt zuerst Jakob: „Um 17.00
Uhr hat Herr Kuhn den Müll im Schulteich entdeckt. Schulschluss war
um 13.00 Uhr. Was hast du in der Zwischenzeit gemacht?"
„Ich war es nicht", beteuert Jakob. „Ich bin nach dem Mittagessen zur
Bücherei gegangen. Auf dem Weg habe ich mir am Kiosk ein paar
45 Lakritzschnecken gekauft. Da habe ich Marla beim Schulteich gesehen.
In der Bücherei war ich ungefähr eine Stunde. Ich war um 17.00 Uhr
schon lang wieder zu Hause, weil ich noch Hausaufgaben machen
musste."

Anschließend ist Marla an der Reihe. „Das würde ich nie tun",
50 versichert sie. „Ich habe zuerst die Hausaufgaben gemacht.
Dann bin ich ins Kino in die Nachmittags-
vorstellung gegangen. Der Film lief von
15.00 Uhr bis 16.45 Uhr. Anschließend
habe ich auf dem Heimweg Jakob aus
55 der Bücherei kommen sehen. Er ging
direkt zum Schulteich."

Frau Möller geht zu Herrn Kuhn und sagt: „Ich weiß jetzt, wer es war.
Einer von den beiden hat gelogen."
„Wer denn?", will der Hausmeister wissen. „Eine Woche Müll
60 einsammeln auf dem Schulhof ist dem Täter sicher!"

BÜCHEREI
Montag – Freitag
10.00 – 16.00 Uhr

1 Wer hat gelogen? Begründe.

S. 201: Theater spielen

Ganz neue Fische

Plötzlich finden wir in unseren Seen und Flüssen eine Anzahl neuer Fische vor, die sich von Tag zu Tag vermehren.
Hier ist nur eine erste Aufstellung der wichtigsten und bekanntesten der neuen Fische.

Der weit verbreitete Cola-Dosenfisch,
der verrostete Bierflaschenverschlussfisch,
der gelbe Bananenschalenfisch,
der gemeine Sprudelglasscherbenfisch,
der unmögliche Süßigkeitenpapiertütenfisch,
der weiße Supermarkttragetaschenfisch,
der rote Zigarettenschachtelfisch,
der alberne Müllfisch,
der stinkende Dreckfisch,
der schimmelige Restefisch.

Erwin Grosche

1 Welche neuen Fische kennst du?

2 Schreibe ein eigenes Gedicht mit neuen Fischen.

Das Wasserläufer-Experiment

Ein Wasserläufer ist ein Insekt, das tatsächlich über das Wasser laufen kann. Das liegt daran, dass der Wasserläufer sein Gewicht auf eine möglichst große Fläche verteilt, indem er vier seiner sechs Beine sehr weit zur Seite streckt. Die zwei vorderen Beine sind stark verkürzt und dienen dem Wasserläufer nur zum Festhalten von Beutetieren. Seine Füße drücken kleine Mulden in die Wasseroberfläche. Doch sie gibt nicht nach, sondern ist straff wie eine Haut. Man nennt das Oberflächenspannung.

In der Natur werden immer wieder Gewässer verschmutzt. Was dann geschieht, kannst du mit folgendem Experiment ausprobieren.

Du brauchst:
- Glas oder Schale mit Leitungswasser: Das ist der Teich.
- Büroklammern: Das sind die Wasserläufer.
- Spülmittel: Das ist ein Umweltgift.

So wird es gemacht:
- Fülle die Schale bis knapp unter den Rand mit Wasser.
- Lege eine Büroklammer vorsichtig auf das Wasser. Falls sie untergeht, probiere es noch einmal, bis du es geschafft hast.
- Lass nun einen Tropfen Spülmittel in das Gefäß fallen. Was beobachtest du?

1 Beschreibt das Experiment mit eigenen Worten.

2 Welche Auswirkung hat die Wasserverschmutzung auf die Wasserläufer? Erkläre mithilfe des Experiments.

Der Fisch mit dem goldenen Bart
ein türkisches Märchen

In einem Teil des Meeres lebten vor langer Zeit zwei Fische. Sie waren sehr gute Freunde. Der eine der beiden hatte einen wunderschönen, langen goldenen Bart. Die beiden Fische verbrachten viel Zeit miteinander. Sie trafen sich jeden Tag und schwammen zusammen
5 zwischen Wasserpflanzen und Felsen umher.
Doch eines Tages suchte der Fisch mit dem goldenen Bart vergeblich nach seinem Freund. Nirgends konnte er ihn finden. Da wurde er sehr traurig, denn ein Leben ohne seinen Freund war für ihn unvorstellbar. Tief bekümmert suchte er den Zauberer Oktopus auf
10 und erzählte ihm, dass sein bester Freund verschwunden sei.
Der Zauberer schloss die Augen und dachte nach. Dann sprach er mit besorgtem Gesicht: „Die Menschen haben deinen Freund gefangen. Ich werde dich an Land bringen, sodass du deinen Freund suchen kannst. Bedenke aber, du musst vor Sonnenuntergang wieder ins
15 Meer zurückkommen, sonst wirst du sterben."
Der Fisch mit dem goldenen Bart wollte alles versuchen, wenn er nur seinen Freund zurückbekam. Der Zauberer versetzte den Fisch in einen tiefen Schlaf. Als er am Strand des Meeres aufwachte, hatte er die Gestalt eines Menschen angenommen.
20 Schnell machte er sich auf den Weg. Er kam durch tiefe Wälder und über eine große Ebene. Endlich sah er in der Ferne die Dächer und Türme einer Stadt. Der verwandelte Fisch wanderte auf die Stadt zu und begann dort sofort, nach seinem Freund zu suchen.
Lange, lange suchte er, doch die Suche schien vergeblich zu sein.
25 Der Abend näherte sich schon und er wurde sehr traurig und niedergeschlagen. Doch als er schon alle Hoffnung aufgegeben hatte, was sah er da? Im Schaufenster eines Ladens stand ein Aquarium und darin schwamm sein Freund. Schnell betrat der Fisch in Menschengestalt den Laden.
30 „Bitte, gib mir den Fisch dort", sagte er zum Verkäufer.

Doch der Verkäufer verlangte Geld. Das konnte ihm der verzauberte Fisch natürlich nicht geben.

Da sagte der Verkäufer: „Wenn du nicht bezahlen kannst, kannst du den Fisch nicht bekommen, es sei denn, du schneidest deinen goldenen
35 Bart ab und gibst ihn mir als Bezahlung."

Was sollte der Fisch tun? Das Wichtigste war ihm, seinen Freund zu retten. Er schnitt sich also den Bart ab und überreichte ihn dem Verkäufer.

Dann nahm er seinen Freund und lief so schnell er konnte aus der
40 Stadt. Er rannte über die große Ebene und durch den Wald. Er rannte und rannte ohne anzuhalten, denn er dachte an die Warnung des Zauberers. Er musste das Meer erreichen, bevor die Sonne unterging. Gerade, als die Sonne die Linie zwischen Himmel und Meer berührte, erreichten die beiden das Meer und tauchten sofort in den Wellen unter.
45 In diesem Moment verwandelte sich der verzauberte Fisch wieder in einen echten Fisch. Glücklich schwammen die beiden Freunde nach Hause.

Seit diesem Tag hat keiner der beiden Fische mehr einen goldenen Bart, doch sie sind die besten Freunde, die man sich vorstellen kann.

1
- Wann muss der Fisch mit dem goldenen Bart wieder ins Meer zurückkommen?
- Wie hilft der Zauberer dem Fisch?
- Woran merkst du, dass dem Fisch mit dem goldenen Bart der Freund wichtig ist?

→ S. 198: Einen Text als Comic gestalten

Schmökertext

Seehunde in Gefahr!

Lukas ist mit seiner Mutter, seiner Halbschwester Viola und deren Vater Richard nach Spiekeroog gefahren. Stundenlang erkundet er mit seinem Freund Onno die Insel. Da kommt es zu einer Katastrophe: Ein Containerschiff stößt mit einem Passagierschiff zusammen!

Am nächsten Morgen brachte Lukas' Mutter schlechte Nachrichten mit. Aus der Sea Pride läuft Öl aus! „Es könnte sein, dass weite Teile vom Wattenmeer für immer zerstört werden. Auch die Vögel könnten darunter zu leiden haben, wenn ihr Gefieder verklebt wird."

5 „Der Wind treibt das Öl direkt auf die Küste zu", warf Richard ein.
„Komm", sagte Lukas zu Viola. „Wir gehen zu Onno."
Sie liefen zum Hafen. Onno redete mit zwei Männern, die weiße Overalls trugen.
„Greenpeace* ist da", sagte er zu Lukas und Viola.

10 „Sie werden einen Infostand aufbauen und Messungen vornehmen", sagte er.
„Ich schau mal, ob Angie dabei ist, die kenne ich."
Schon nach ein paar Minuten kam er mit einer Frau zurück. „Hallo!", sagte Angie. „Ich muss mich um die Messungen kümmern. Falls ihr also

15 Fragen habt, schießt los." Das ließ sich Viola nicht zweimal sagen.
„Was passiert mit den Seehunden?" „Vorerst sind sie in Sicherheit. Sie haben sicher mitbekommen, dass etwas nicht in Ordnung ist und sind woanders hingeschwommen. Mehr Sorgen mache ich mir um die Fische und Vögel."

20 Viola schien beruhigt. Dass ihre heiß geliebten Seehunde in Sicherheit waren, war eine sehr gute Nachricht. Lukas sah das etwas anders. Die Seehunde lebten von den Fischen und wenn die Fische in Gefahr waren … Angie zeigte in Richtung Schiff. „Geht mal zu Sven, der hat sicher eine Aufgabe für euch."

25 Sven war gerade dabei, große Pakete vom Greenpeace-Schiff zu laden und spannte die Kinder gleich ein. „Was ist das denn?", wollte Lukas wissen, während er mit Onno eines dieser riesigen Pakete von Bord schleppte.

Fips erklärt

Greenpeace: Organisation, die sich weltweit für den Umweltschutz einsetzt

„Big Bags", sagte Sven. „Riesige Taschen, in denen ölverseuchter Sand gesammelt wird." Sven erzählte ihnen, dass die Mellum, das Mehrzweckschiff des Wasser- und Schifffahrtamtes, versuchte, sowohl das ausgelaufene Öl vom Meer als auch aus dem leckgeschlagenen Tank aufzusaugen, doch immer noch herrschten ungünstige Wetterverhältnisse, die das Arbeiten beinahe unmöglich machten.

„Kann es sein, dass es zu einer Ölpest kommt?", fragte Onno. Sven schaute die Kinder an. „Ich weiß es nicht. Wir müssen die nächste Flut abwarten."

Onno und Lukas halfen dann, Informationsblätter zu verteilen.

„Da tut sich was", sagte Lukas und zeigte Richtung Schiff. Sven und Onno luden Big Bags, Spaten und weitere Utensilien auf einen Elektrokarren.

„Wo fahrt ihr hin?", fragte Richard den Fahrer. „An den Strand", sagte dieser. „Angie hat gefunkt, dass Öl angeschwemmt wird."

Als sie zum Strand kamen, herrschte Hochbetrieb.

Lukas wurde zusammen mit Onno zum Sandschaufeln abkommandiert, die zwei erhielten Gummihandschuhe, Schaufeln und einen Eimer. Richard und Viola sollten sich auf die Suche nach ölverschmierten Vögeln machen. Sie bekamen ein Fernglas und eine Karte.

„Markieren Sie die Fundstellen. Sie dürfen die Vögel auf keinen Fall anfassen", warnte Chris.

Luisa Hartmann, Doro Göbel

Auf dem Weg zum Leseprofi

Zu einem Thema recherchieren

Oft gibt es zu einem Thema noch mehr oder ausführlichere Informationen, als du in einem Text findest. Wenn du weitere Informationen suchst, nennt man das recherchieren.

So schaffst du das

- Lies den Text.
- Überlege, was dich zu einem Thema noch interessiert.
- Suche passende Bücher oder geeignete Texte im Internet.

Zum Thema Pflanzen und Tiere im Teich gibt es noch mehr interessante Informationen. Recherchiere.

Seerosen und Teichrosen

Seerosen wachsen in ruhigen Gewässern, zum Beispiel in Teichen oder Seen. Ihre Wurzeln reichen tief hinunter und sind im schlammigen Boden verankert. Am besten wächst die Seerose in 1,50 Meter tiefem Wasser. Die Stiele sind so lang, dass die großen, fast runden, dunkel-
5 grünen Blätter immer auf der Wasseroberfläche schwimmen. Wenn das Wasser steigt, wachsen die Stiele. Sie können bis zu drei Meter lang werden.
Bei uns wachsende Seerosen haben prachtvolle weiße, gelbe oder rosa Blüten, die sich bei Regen schließen. Sie blühen von Juli bis
10 September. Die Blüten dürfen nicht gepflückt werden, denn Seerosen stehen unter Naturschutz.

Teichrosen haben den gleichen Lebensraum wie die Seerosen, können aber auch im Schatten wachsen. Sie unterscheiden sich in der Blatt- und Blütenform. Die 4 bis 6 Zentimeter großen Blüten der
15 Teichrose sind gelb und kugelrund. Sie befinden sich stets mehrere Zentimeter über der Wasseroberfläche und duften stark. Die Teichrosen blühen von Juni bis August. Ihre herzförmigen Blätter schwimmen auf dem Wasser. Diese Wasserpflanzen gehören wie die Seerosen zu den Schwimmblattpflanzen.
20 Die Teichrosen bekommen birnenförmige Früchte, die mit Luft gefüllt sind. Sie sind zwischen 2 und 3 Zentimeter groß und sinken erst, wenn die Luft entweicht. Die Samen können ebenfalls schwimmen. Sie sind ungefähr 5 Millimeter groß, olivgrün und eiförmig.

Die Welt der Medien

Computer-Kunst

Campbell Laird

1. Was kannst du auf dem Bild erkennen?
2. Wie könnte das Bild heißen?

Kennst du Emoticons?

Das Wort Emoticon (sprich: imoutikon) besteht aus den beiden englischen Wörtern *emotion* (sprich: imouschn) und *icon* (sprich: eiken). Auf Deutsch heißt *emotion* Gefühl und *icon* Zeichen. Emoticon bedeutet also Gefühlszeichen.

Hast du dich schon einmal gefragt, was deine Freunde fühlen oder denken, an welchen Stellen sie lachen oder sich ärgern, wenn du mit ihnen chattest, eine E-Mail oder eine SMS schreibst? Mit Emoticons kannst du ausdrücken, wie du dich fühlst: lustig, traurig, wütend, … Emoticons sind Zeichen, die fast auf der ganzen Welt verstanden werden. Sie bestehen aus Punkten, Klammern, Zahlen und manchmal speziellen Zeichen auf der Computertastatur. Erkennen kannst du die Emoticons leicht. Du brauchst nur deinen Kopf nach links zu neigen, dann siehst du die fröhlichen oder traurigen Gesichter.

:-)   :-(:-))   :´-(;-)

Schade, dass du heute keine Zeit hast.
:-(
Leyla

Habe eine Eins in Mathe.
:-))
Flo

Ich habe heute Basti reingelegt.
;-)
Mesut

1 Was bedeuten die Emoticons? Erkläre.

2 Überlegt euch selbst Emoticons.

Sabine Ludwig erzählt, wie sie zum Schreiben kam

Bei meinen Lesungen werde ich oft gefragt: „Wollten Sie schon als Kind Autorin werden?"
Nein, Autorin werden wollte ich eigentlich nie, denn ich schreibe nicht gern. Das war schon immer so. Aufsatzschreiben in der Schule war für mich schlimmer als eine Mathearbeit und das will was heißen. Ich kaute regelmäßig einen Füller zu Brei, während ich überlegte, welches der Themen ich überhaupt wählen sollte. An mangelnder Fantasie hat es sicher nicht gelegen, ich hab nämlich einen schwunghaften Geschichtenhandel betrieben. Wenn sich meine Mitschüler in der großen Pause oder auf dem Nachhauseweg von der Schule langweilten, habe ich ihnen Geschichten erzählt. Als Gegenleistung dafür bekam ich Leckmuscheln, Lakritzschnecken oder ein Tütchen Brausepulver. Ich wäre allerdings nie auf die Idee gekommen, diese Geschichten auch aufzuschreiben. Das kam erst sehr viel später.

Ursprünglich wollte ich Lehrerin werden, aber meine erste Stelle bekam ich ausgerechnet an dem Gymnasium, an dem ich Schülerin gewesen war. Für viele meiner alten Lehrer war ich das auch immer noch, sie nahmen mich einfach nicht ernst. Und meine Schüler erst recht nicht. Mal brannte das Klassenbuch, mal explodierte ein Kanonenschlag unter meinem Stuhl. Ich begriff ziemlich schnell, dass ich als Lehrerin die totale Fehlbesetzung war.

Dann begann ich zu schreiben, aber keine Geschichten, die ich mir ausgedacht hatte, sondern Sachtexte über Kunst und Literatur für Zeitungen und den Rundfunk. Eines Tages fragte mich eine Kollegin, ob ich mir nicht vorstellen könnte, Geschichten für Kinder
35 zu schreiben. Ich weiß noch genau, dass ich sagte: „Für Kinder? Nie im Leben."
Damals hatte ich keine Kinder und kannte auch keine. Halt! Ein Kind kannte ich natürlich doch und das war ich selber. Und über dieses Kind hab ich dann auch geschrieben. Die Geschichten von Frieda, die mit
40 ihren Streichen ein ganzes Haus unsicher macht und sich hauptsächlich von Süßigkeiten ernährt.

Das ist jetzt über zwanzig Jahre her und seither schreibe ich für Kinder, aber es wird nicht leichter, ganz im Gegenteil. Nur zerkaue ich heute keine Füller mehr, wenn mir nichts einfällt, sondern Lakritzschnecken
45 oder Gummibärchen (aber nur die weißen!).

1 Suche im Inhaltsverzeichnis alle Texte von Sabine Ludwig heraus.
Notiere die Titel mit der Seitenzahl.

2 Lies einen der Texte von Sabine Ludwig im Lesebuch.
Schreibe deine Meinung dazu und begründe sie.

3 Informiere dich über weitere Bücher von Sabine Ludwig.
www.sabine-ludwig-berlin.de

In welchem Kapitel steht dein Lieblingstext von Sabine Ludwig?

Hilfe, ich habe meine Lehrerin geschrumpft

Felix hat es nicht leicht. Seine Eltern haben sich getrennt. Er wohnt jetzt mit seiner Mutter in einer kleinen Wohnung und musste die Schule wechseln. Vor seiner Mathelehrerin Frau Schmitt-Gössenwein hat er wie alle in der Klasse Angst. Heute ist der letzte Schultag vor den Herbstferien.

Die nächsten Stunden vergingen wie immer an einem letzten Schultag vor den Ferien. Und dann läutete es zur sechsten Stunde. Ich legte mein Mathematikbuch, Heft und Federtasche ordentlich vor mich hin. Die Schmitt-Gössenwein sollte bloß nicht denken, dass ich kurz vor
5 Schluss nachlässig wurde. Es sind nur fünfundvierzig Minuten, sagte ich mir, nur fünfundvierzig Minuten. Schwungvoll wurde die Tür aufgerissen und sie betrat den Raum. Augenblicklich herrschte Ruhe. Vor dieser Frau hatten einfach alle Angst.
„Buch Seite 45, Aufgabe 6, wer kommt an die Tafel?" Ihre kleinen Augen
10 hinter den dicken Brillengläsern nahmen jeden Einzelnen ins Visier, aber natürlich meldete sich niemand. Ich zog die Schultern ein und rutschte halb unter den Tisch. Aber ihr entging die Bewegung nicht. Mein ganzer Körper spannte sich, ich starrte auf die Aufgabe im Buch, die Zahlen verschwammen vor meinen Augen.
15 „Jasmin, komm du nach vorn!" Erleichtert richtete ich mich wieder auf. Noch achtunddreißig Minuten.
Der Rest der Stunde verlief vergleichsweise harmlos. Wir sollten Aufgaben aus dem Buch rechnen. Der Himmel war strahlend blau. Nur noch sechs Minuten trennten mich von der Freiheit. Ferien!
20 Nur noch zwei Minuten!
Die Klingel schrillte. „Null!" Nun gab es kein Halten mehr, alles sprang auf, Stühle schurrten über den Boden.
„Halt, halt! Ich hab noch etwas für euch." Frau Schmitt-Gössenwein lächelte unangenehm und öffnete ihre Aktentasche.
25 „Mist. Die Arbeit!", stöhnte Mario.
„Einigen wenigen wird das die Ferien sicher versüßen, den anderen wohl eher nicht", sagte sie.

Ella schlug ihr Heft auf. „Gott sei Dank, eine Vier!"
Vorsichtig öffnete ich meins und suchte die römische Ziffer
unter der Arbeit.
Da war sie. Ein V und ein Strich. „Ich auch!"
Ella warf einen Blick auf meine Arbeit, dann sah sie mich
mitleidig an. „Das ist keine Vier, glaub ich."
Sie hatte recht, der Strich war nicht vor dem V, sondern dahinter.
Sechs! Ich konnte es nicht fassen.
„So was Gemeines", sagte Ella. „Du hast doch sogar drei Aufgaben
richtig. Da hättest du ja ein leeres Blatt abgeben können."
Frau Schmitt-Gössenwein saß am Pult und kritzelte etwas ins
Klassenbuch.
Ich musste sie dazu bringen, mir wenigstens eine Fünf zu geben.
„Frau Schmitt-Gössenwein …"
„Was ist?", sagte sie, ohne aufzublicken.
„Ich wollte nur wissen … also, was hätte ich denn bekommen,
wenn ich gar nichts geschrieben hätte?"
„Gar nichts? Was soll das heißen?" Jetzt sah sie mich an.
„Na ja, wenn ich leere Seiten abgegeben hätte."
„Eine Sechs natürlich."
„Aber das ist doch ungerecht!"
Mir wurde erst heiß, dann kalt. Hatte ich das wirklich gesagt?
„Das ist doch ungerecht, ich habe drei Aufgaben richtig. Hier!"
Ich tippte auf meine Arbeit.
„Kannst du nicht lesen?", fragte Frau Schmitt-Gössenwein.
„Du hast sechs Punkte von zweiunddreißig. Ein Punkt mehr
und du hättest eine Fünf minus bekommen. Willst du mir etwa
vorschreiben, wie ich zu benoten habe?"
Ich schüttelte den Kopf. „Nein, aber ich …"
Tränen schossen mir in die Augen. Nicht auch das noch!
Frau Schmitt-Gössenwein erhob sich und griff nach ihrer Aktentasche.
„Und vergiss nicht die Unterschrift deiner Eltern. In diesem Fall
hätte ich sie gern von beiden."

„Aber … mein Vater ist nicht … ich meine … er wohnt woanders",
stotterte ich.
Sie warf mir einen Blick zu, als trüge ich ganz allein die Schuld
an der Trennung meiner Eltern.

65 „Aha", sagte sie nur und wandte sich zum Gehen.
Vor Wut war mir ganz schlecht.
„Alte Hexe", murmelte ich. „Böse alte Hexe."
Plötzlich gruben sich Finger in meinen Ärmel.
„Was hast du gesagt?", kreischte eine Stimme.

70 „Du hast alte Hexe gesagt!"
Ihr Gesicht kam mir jetzt ganz nah, immer riesiger wurden ihre Augen
hinter den Brillengläsern, furchtbare Worte fielen aus ihrem Mund:
„Tadel … Direktor … Schulverweis!"
Ich dachte daran, was meine Mutter einmal gesagt hatte:

75 „Wenn du vor jemandem große Angst hast, lass ihn in Gedanken
immer kleiner werden. Du wirst sehen, das funktioniert."
Während sie weiter keifte, ließ ich sie einfach kleiner werden.
Jetzt ging sie mir nur noch bis zur Schulter,
dann bis zum Bauch. Sie schrumpfte weiter. Jetzt war's genug.

80 Ich blinzelte ein paar Mal in der Erwartung, sie würde wieder
ihre alte Gestalt annehmen. Aber das geschah nicht.
Inzwischen war sie kaum größer als meine Hand.
Auf dem Gang waren Schritte zu hören.
Ohne nachzudenken hatte ich die Schmitt-Gössenwein

85 von meinem Ärmel gezupft wie ein Insekt und in meine
Jackentasche gestopft.
Bloß weg hier, bevor jemand merkte, was ich angerichtet hatte!

Sabine Ludwig

1 Welchen Tipp gegen Angst würdest du
Felix geben?

2 Wie könnte die Geschichte weitergehen?

Bücher auswählen

Finn, Nele und Ayla sind in der Bücherei, um sich Bücher auszusuchen. Finn liest den Klappentext von **Locke bleibt am Ball** von Ulli Potofski:

> Als Locke in eine Flanke hineinläuft, um einen richtig schönen Pass zu spielen, passiert es: Sohle und Oberleder seines rechten Schuhs trennen sich endgültig und unwiderruflich voneinander. Und das jetzt, wo das Spiel gegen die Jugendmannschaft Newcastle ansteht – der Höhepunkt der Saison. Neue Schuhe kann Locke sich nicht leisten, denn finanziell ist zurzeit Ebbe angesagt. Ob Lockes bester Freund Matz Rat weiß?

Nele hat **Der überaus starke Willibald** von Willi Fährman gefunden:

> Der überaus starke Willibald nutzt die Angst vor der Katze, um sich zum Boss eines Mäuserudels aufzuschwingen. Nur die kleine Lillimaus wagt Kritik und wird in die Bibliothek verbannt. Doch eines Tages kommt ihre große Chance …

Ayla hat sich **Weit weg … nach Hause** von Ute Wegmann herausgesucht:

> Wenn ihre Familie nicht so anstrengend wäre und sie endlich eine Freundin finden würde, wäre das Leben für Luisa schön. Als sie mit auf die gefürchtete Klassenreise soll, geht Luisa auf Reisen, aber nicht ins Schullandheim, sondern als blinder Passagier eines Kahns auf dem Rhein, immer Richtung Schweiz. Es wird sie zu Hause sowieso keiner vermissen. Aber da hat sie sich mächtig getäuscht. Und wie sehr sie selber ihre Familie vermisst, wird ihr erst im kalten dunklen Bauch des Schiffes klar. Gott sei Dank ist es noch nicht zu spät …

Der Klappentext informiert kurz über den Inhalt des Buches.

1 Für welches Buch würdest du dich entscheiden? Begründe.

Im Internet recherchieren

Um etwas im Internet zu suchen, rufst du am besten zunächst eine Kindersuchmaschine auf, zum Beispiel: Helles-Koepfchen.de Gib in das leere Feld neben dem Wort **suchen** den genauen Suchbegriff ein.

Die Suchmaschine sagt dir, wie viele Treffer sie gefunden hat. Du kannst nun unter den Treffern auswählen. Mache dazu mit der Maus einen Doppelklick auf den entsprechenden Link.

Jetzt erscheinen spezielle Informationen zu deinem
ausgewählten Thema, beispielsweise dieser Text:

Seerose – Schwimmende Schönheit

Stand: 16.08.2007

Weiße, rosafarbene oder gelbe Blüten zwischen riesengroßen, fast runden dunkelgrünen Blättern: unsere heimischen Seerosen blühen den ganzen Sommer über von Juni bis September – und nur bei Regen schließen sich ihre Blüten.

Seerosen wachsen dort, wo das Wasser steht oder nur langsam fließt: in Buchten von Teichen oder Seen und auch in stillen Nebenarmen von Flüssen. Dabei wurzeln sie tief unten im schlammigen Untergrund. Blätter und Blüten schwimmen auf der Wasseroberfläche – und ihre Stiele wachsen ständig weiter, so bleiben sie immer oben, auch wenn das Wasser steigt. Bis zu drei Meter lang können sie werden! Am besten wächst die Seerose aber im bis zu 1,50 Meter tiefen Wasser.

Ich suche Bastelanleitungen im Internet.

1 Was ist ein Link? Recherchiere dazu im Internet und erkläre.

2 Recherchiere zu einem Thema, das dich interessiert, im Internet.

➡ S. 196: Ein Referat vorbereiten

Unterhaltung oder Werbung?

Jakob sitzt gespannt vor dem Fernseher. Seine Lieblingsserie läuft gerade. Auch Luisa, seine kleine Schwester, sieht mit offenem Mund zu. Eigentlich begreift sie nicht, was passiert, aber im
5 nächsten Werbeblock sieht sie eine wunderschöne Puppe aus dem Prinzessinnenland. Die bleibt ihr in Erinnerung. Luisa wünscht sich, sie hätte schon bald Geburtstag.

Überhaupt gefallen Luisa die bunten, lustigen Werbespots mit vielen Zeichentrickfiguren besonders gut. Weil die Werbespots
10 so oft wiederholt werden, glaubt Luisa alles, was ihr dort erzählt wird. Sie kann viele Werbeszenen auch schon auswendig mitsprechen und mitsingen. Das finden ihre Eltern oft lustig, aber wenn Luisa an der Kasse im Supermarkt quengelt, weil sie einen bestimmten Schokoriegel will, reagieren sie genervt.

15 Auch Jakob sieht die fetzigen Werbespots gerne. Die ewigen Wiederholungen nerven ihn zwar manchmal, aber er lässt sich doch gerne zeigen, was es an Süßigkeiten, Spielzeug, Nahrungsmitteln, Sportschuhen und Jeans zu kaufen gibt. Vor allem, wenn es so witzig, bunt und fröhlich geschieht. Außerdem merkt er schon, dass es für viele
20 aus seiner Klasse wichtig ist, welche Marke man trägt, und er möchte ja kein Außenseiter sein.

Aus dem Projekt „Medien" in der Schule weiß Jakob, dass Werbung und Unterhaltung oft schwer zu unterscheiden sind. Seitdem achtet er darauf, ob etwas besonders toll und übertrieben dargestellt wird,
25 damit er es sich wünscht. Werbung erkennt er auch oft daran, dass die Lautstärke plötzlich höher wird, dass Farben oder Effekte auffälliger werden und dass das Senderlogo auf dem Bildschirm fehlt.

1 Was gefällt dir an Werbespots? Was nicht?

Der kleine Nick

Viele Kinder kennen die Abenteuer vom kleinen Nick. Er nutzt jede Gelegenheit, um gemeinsam mit seinen Freunden in der Schule oder in der Nachbarschaft kleine Streiche zu spielen. Der französische Autor René Goscinny, der auch Asterix erfunden hat, dachte sich vor mehr als 50 Jahren diesen Jungen aus. Und der Illustrator Sempé zeichnete den kleinen Nick dazu. So sieht Nick im Buch aus.

Im Kinderfernsehen wird die Animationsserie „Der kleine Nick" gezeigt. In der Folge „Nick druckt eine Zeitung" beschließt Nick, mit seinen Freunden eine Zeitung herzustellen, weil er von seinem Vater einen Druckkasten geschenkt bekommen hat.

Luise, ein Mädchen aus Nicks Bande, erklärt den Jungen, dass ein Aufmacher eine spannende Geschichte für die Titelseite ist. Gemeinsam suchen sie also nach einer solchen Geschichte. Sie kommen dabei einem Geheimnis von Nicks Vater auf die Spur. Ein perfekter Aufmacher!

Seit einiger Zeit gibt es einen Film mit Nicks Abenteuern. Der kleine Nick führt ein friedliches Leben, bis er eines Tages befürchtet, dass seine Mutter schwanger ist. O weh, ein kleiner Bruder! Seine Eltern werden keine Zeit mehr für ihn haben und ihn vielleicht sogar aussetzen. Was wird Nick tun, um diesem Schicksal zu entgehen?

1 Vergleicht die Abbildungen vom kleinen Nick. Was fällt euch auf?

Schmökertext

Der TV-Karl

Anton ist komplett durcheinander! Zufällig hat er an seiner Fernbedienung einen Knopf entdeckt, mit dem er Verbindung zum TV-Karl bekommt. Der wird ein echter Lebensberater für alle Anton-Probleme.

9. 1.
Kontakt geglückt! Habe stundenlang, bis meine Mutter heimgekommen ist, mit dem Karl geredet. War, als ob ich ihn schon ewig und immer kennen würde. Habe ihm versprochen, dass ich
5 ihn geheim halte.

28. 1.
Wenn meine Eltern daheim sind, kann ich leider oft mit dem Karl nur flüstern. Nur wenn sie im Wohnzimmer sind, können wir richtig laut miteinander reden.
10 Heute habe ich versucht, dem Karl den Ton wegzudrücken und von seinen Lippen zu lesen. Und ich habe ihn auch tonlos angeredet. Leider haben wir uns gegenseitig nicht verstanden. Es ist auch nur halb so gut, mit dem Karl tonlos zu verkehren. Ich habe seine Stimme unheimlich gern. Sie ist ganz tief und samtig. Manche Wörter spricht
15 der Karl ein klein bisschen merkwürdig aus. Ich habe ihn gefragt, ob er ein Ausländer ist. Er hat gelacht und zurückgefragt:
„Hier? Oder anderswo?"
Wenn ich ihn gefragt hätte, ob er ein Inländer ist, hätte er wohl auch zurückgefragt: Hier oder anderswo?

20 **9. 2.**
Also, ein Ausländer kann der Karl wirklich nicht sein!
Heute hat er mir den Deutschaufsatz verbessert und ihn korrigiert! Zu jedem Fehler, den ich gemacht habe, hat er mir eine ellenlange Warum-Erklärung geliefert. Direkt spannend war das!
25 Gerade hat er mir die englischen Sätze diktiert. In Englisch ist er auch perfekt. Ich habe ihn arg bewundert deswegen.

16. 2.
Der Karl ist einfach spitze! Ein wirklicher Glücksfall für mich!
Seit fast fünf Wochen läuft er jetzt bei mir rund um die Uhr und
ist nie grantig und ist immer voll für mich da. Alle Hausaufgaben
sagte er mir völlig fehlerfrei vor! Jede Menge „sehr gut" hat er mir
schon eingebracht. Meine Lehrer sind ganz begeistert von mir.

22. 2.
Gegen Mitternacht bin ich aufgewacht, weil ich dringend aufs Klo
musste. Wie ich, auf dem Weg zum Klo, durch unser Vorzimmer gehe,
sehe ich, dass die Mäntel meiner Eltern nicht an der Garderobe
hängen. Ich habe vorsichtig ins Schlafzimmer hineingeschaut, aber
das Ehebett war auch leer. Ganz allein war ich also in der Wohnung.
Das bin ich ja öfter. Auch in der Nacht. Aber gestern hat es plötzlich
so geknackt und geknarrt. Und die Angst ist immer größer geworden.
Mit Herzklopfen und Bauchziehen und Wackelbeinen.
Ich bin in mein Zimmer zurück und habe den Karl aufgedreht.
Der Karl ist nicht munter geworden. Das habe ich an seinem leisen
Schnarchen gehört.

27. 2.
Immer, wenn ich den Karl frage,
wieso es ihn eigentlich gibt,
macht er auf Bildstörung.
Und wenn ich nicht locker lasse,
passiert ein totaler Bildausfall.
Ich weiß nicht, ob er es nicht
sagen will oder nicht sagen darf.

2. 3.
Nicht einmal sein Alter will mir der Karl verraten. Da albert er bloß
herum, sagt einmal „zwanzig", einmal „hundertzehn" und einmal
„weiß nimmer".
Fast könnte man ihm das glauben.

15. 3.

Heute war der Karl böse auf mich, weil ich mit der Farbstärketaste herumgespielt und sein Gesicht abwechselnd leintuchbleich und indianerrot gefärbt habe. Und damit nicht aufgehört habe, obwohl er „lass das" gesagt hat. Er ist aus seinem Zimmer gegangen und hat die Tür hinter sich zugeknallt. Da ist mit fast das Herz stehen geblieben! Ohne ihn, habe ich gemerkt, könnte ich gar nicht mehr richtig sein. Zum Fernseher bin ich hin und hab oben draufgeschlagen und gebrüllt: „Komm wieder! Ich brauch dich!"
Der Karl hat gemerkt, wie verzweifelt ich bin. Gleich ist er wieder hereingekommen. Und ich habe ihm geschworen, dass ich ihn nie mehr mit dem Farbknopf ärgere.

20. 3.

Heute ist etwas Komisches passiert: Ich liege auf meinem Bett, der Karl liegt auf seinem Sofa, wir reden gerade, da kommt meine Mutter ins Zimmer herein. Sie schaut ganz böse und schimpft, dass ich eine „Sauwirtschaft" habe. Und ich habe die Fernbedienung gerade nicht in Reichweite, um den Karl wegzudrücken! Der hat natürlich sofort zu reden aufgehört, wie meine Mutter hereingekommen ist, und liegt nun stocksteif auf dem Sofa. Meine Mutter grapscht sich den Papierkorb und stopft alles, was auf dem Boden liegt, hinein. Dabei keift sie: „Ganz der Vater! Genauso ein schlampiger Dreckfink!" Ich springe auf, weil ich nicht einsehe, dass ich auslöffeln muss, was ihr mein Vater eingebrockt hat. Immer muss sie ihre Wut auf ihn an mir auslassen. Ich reiße ihr den Papierkorb aus der Hand. Sie gibt mir eine Ohrfeige. Eine von der kräftigen Sorte.
Da sagt der Karl ganz laut: „Große, dicke Mütter, die kleine, dünne Kinder hauen, sind wirklich das Allerletzte, dreimal pfui über sie!"
Meine Mutter, die zu einer zweiten Ohrfeige ausholen will, lässt den Arm sinken und starrt den Karl an.

Christine Nöstlinger, Jutta Bauer

Das Fernsehprogramm

Die zehnjährige Mia und ihr achtjähriger Bruder David lesen aufmerksam das Fernsehprogramm. Ihre Eltern haben ihnen erlaubt, sich am Sonntag eine Sendung im Fernsehen anzusehen, die höchstens eine Stunde dauert.

ARD	ZDF	Ki.Ka
7.10 Sesamstraße ab 4	7.05 Zgby, das Zebra ab 3	10.05 Marsupilami – Trickserie ab 6
7.35 Meister Eder ab 6	7.10 Tabaluga tivi: 4 gegen Arktos ab 6	10.30 Feuerwehrmann Sam ab 3
8.25 Löwen im Tierpark Hagenbeck – Dokumentation ab 6	8.00 Bibi Blocksberg: Die kleine Spürnase ab 4	10.45 Tabaluga tivi: 4 gegen Arktos ab 6
8.55 Tigerenten Club Die Tigerente auf Deutschlandtour ab 6	8.25 Löwenzahn ab 6	11.30 Die Maus ab 4
9.55 Tagesschau	8.55 Kath. Gottesdienst aus der Kirche St. Maria auf Rügen live	12.00 Schneewittchen – Märchenfilm ab 6
10.00 Immer wieder sonntags – große Musikschau live	9.50 Die Küchenschlacht	13.15 Unser Hund Charly: Der Hund ist weg – Spannender Tierfilm ab 8
11.30 Die Maus ab 4	11.15 pur+ Rettet die Erde! – Dokumentation	14.05 Die Schule der kleinen Vampire: Große Aufregung in der Schule ab 6
12.00 Presseclub	11.45 Der Bergpfarrer – Familienfilm ab 6	14.30 logo – Nachrichten für Kinder ab 10
12.45 Tagesschau	13.00 Heute	
13.05 Aufregung auf dem Ponyhof – Spannender Tierfilm ab 8	13.25 Pippi Langstrumpf: Pippi feiert Geburtstag ab 6	
14.25 W wie Wissen: Neue Kleider	14.05 1, 2 oder 3 – Ratequiz für Kinder ab 6	
14.55 Sportschau live		

1
- Welche Sendungen werden von mindestens zwei Sendern gezeigt?
- Mia mag Tierfilme, aber David mag lieber spannende Filme. Für welchen Film entscheiden sie sich?
- Welche Sendung würdest du dir aussuchen? Begründe.

Zeitungen und Zeitschriften

Aktuelle Nachrichten erfahren wir aus dem Radio, dem Fernsehen und dem Internet. Zusätzlich lesen viele Leute noch eine Tageszeitung, die meist an sechs Tagen der Woche erscheint.

5 Die Reporter einer Zeitung sammeln während eines Tages alle Neuigkeiten aus der näheren Umgebung und aus der weiten Welt. Darüber schreiben sie Berichte. Die Redakteure wählen die Nachrichten aus, die neu, wichtig und interessant sind und formulieren Überschriften 10 dazu. Oft werden noch Fotos ergänzt. Damit können sich die Leser ein Bild von den Ereignissen machen.

In der Zeitung sind die Nachrichten nach verschiedenen Bereichen zusammengefasst: Politik, 15 Sport, Informationen aus der Stadt und der Region, Wirtschaft und Kultur.

Nachts werden die Zeitungen mit riesigen Druckmaschinen gedruckt, dann geschnitten und gefaltet. 20 Anschließend starten viele Lastwagen und bringen sie zur Post und zum Flughafen. Die Zeitungsausträger stecken ganz früh am Morgen bei den Abonnenten* die 25 druckfrische Zeitung in den Briefkasten.

Fips erklärt

Abonnenten: Leute, die eine Zeitung oder Zeitschrift regelmäßig nach Hause geliefert bekommen

Zum Frühstück kann nun jeder lesen, was gestern in seinem Ort, in seinem Land und auf der
30 ganzen Welt passiert ist.

Auf der Titelseite fällt meistens eine große Überschrift, die Schlagzeile, ins Auge. Dieser Aufmacher soll die Leute zum
35 Kauf der Zeitung verführen.

Neben den Nachrichten aus der Politik und Neuigkeiten aus der eigenen Stadt und der weiten Welt steht noch viel mehr in der Zeitung. Sportberichte, Wetterbericht, Kino- und Fernsehprogramm, Werbung Familienanzeigen, Unterhaltsames und Wissenswertes – jeder kann
40 das auswählen, was ihn interessiert.

Neben den Zeitungen gibt es noch Zeitschriften, die wöchentlich oder auch nur einmal im Monat erscheinen. Sie sind gebunden wie ein Heft und enthalten viele Fotos und Bilder. Im Zeitschriftenladen sind
45 sie meistens schon so angeordnet, dass jeder schnell etwas zu seinem Interessensgebiet findet: Comics, Fernseh-,
50 Computer- und Sport- zeitschriften.
An den Kinderzeitschriften hängt manchmal ein kleines Geschenk, das
55 zum Kauf verlocken soll.

1 Kennt ihr Kinderzeitschriften? Stellt sie vor.

→ S. 196: Ein Referat vorbereiten

Auf dem Weg zum Leseprofi

Eine Buchausstellung gestalten

Zu einem Buch, das euch besonders gut gefallen hat, könnt ihr eine Buchausstellung machen.

So schafft ihr das

- Einigt euch auf ein Thema.
- Bringt eigene Bücher mit und leiht euch noch weitere aus der Bücherei aus.
- Stellt jedes Buch auf einer Klappkarte kurz vor.

Informiere auf deiner Klappkarte über Titel, Autor und Inhalt. Schreibe auch, was an dem Buch besonders ist.

Ich suche nach Gegenständen oder Postern, die zum Thema unserer Ausstellung passen.

Wir laden andere Klassen und Eltern zur Ausstellung ein.

Wir machen eine Bücherliste, die jeder mitnehmen kann.

Ich bringe eine CD-ROM mit.

Hallo,

habt ihr Lust, in spannenden und lustigen Büchern zu schmökern oder Hörbücher auf CD kennenzulernen?

Unsere Buchausstellung

Geschichten von Flüssen und Meeren

ist in der ersten Juli-Woche geöffnet. Macht einen Termin mit uns aus. Jeder Besucher bekommt eine Liste mit unseren Vorschlägen.

Bis bald in Zimmer 125, Klasse 4c

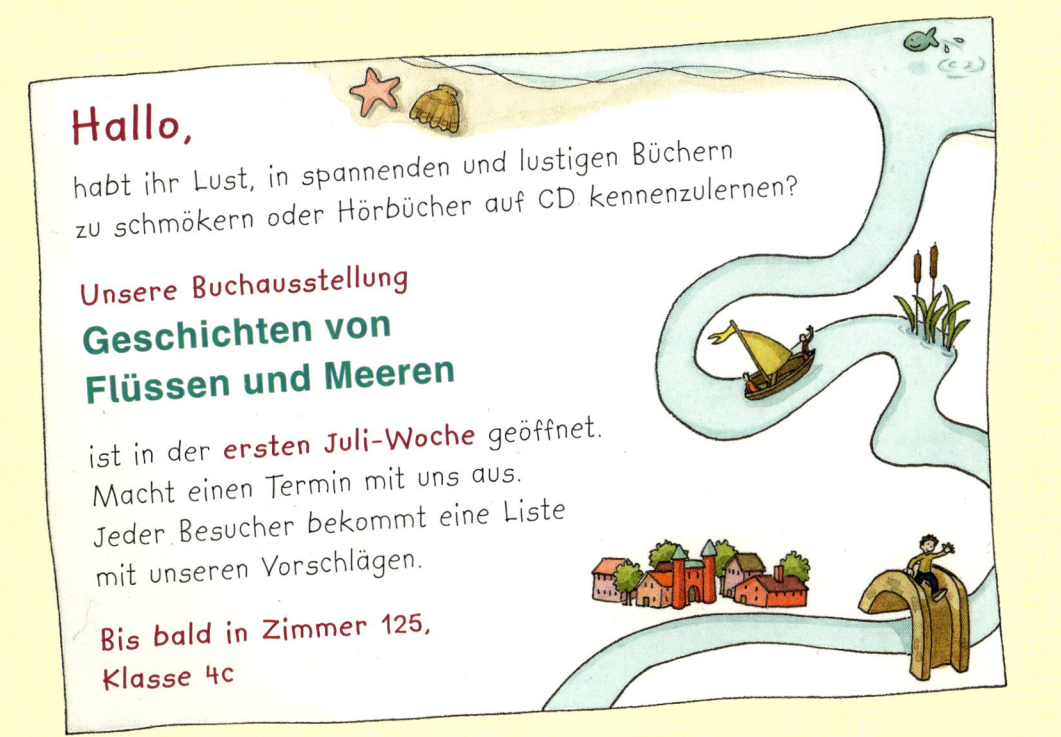

Ich bin ein Meermädchen (und das ist ein Geheimnis)
Autorin: Sabine Wisman
Nach einem Urlaub am Meer verwandelt sich Mare in eine Meerjungfrau, sobald sie mit Wasser in Berührung kommt. Das macht ein Kussfisch. Aber niemand weiß etwas davon. Nachts lässt sich Mare in der Badewanne einen Fischschwanz wachsen. Ein lustiges und spannendes Buch! *Lotte*

Augen auf! Wir entdecken Strand und Meer
Ein Sachbuch für Stranddetektive mit vielen farbigen Bildern.
Hier kann man Muscheln, Krebse, Tintenfische und Quallen kennenlernen. *Karim*

Moby Dick
Dieses Pop-up-Buch ist ganz toll. Die Geschichte von Kapitän Ahab und dem weißen Wal kann man hier wirklich miterleben. Für kleine Kinder ist das Buch nichts, weil man es sehr vorsichtig anschauen muss, sonst geht es kaputt. *Mirco*

Jahreskreis

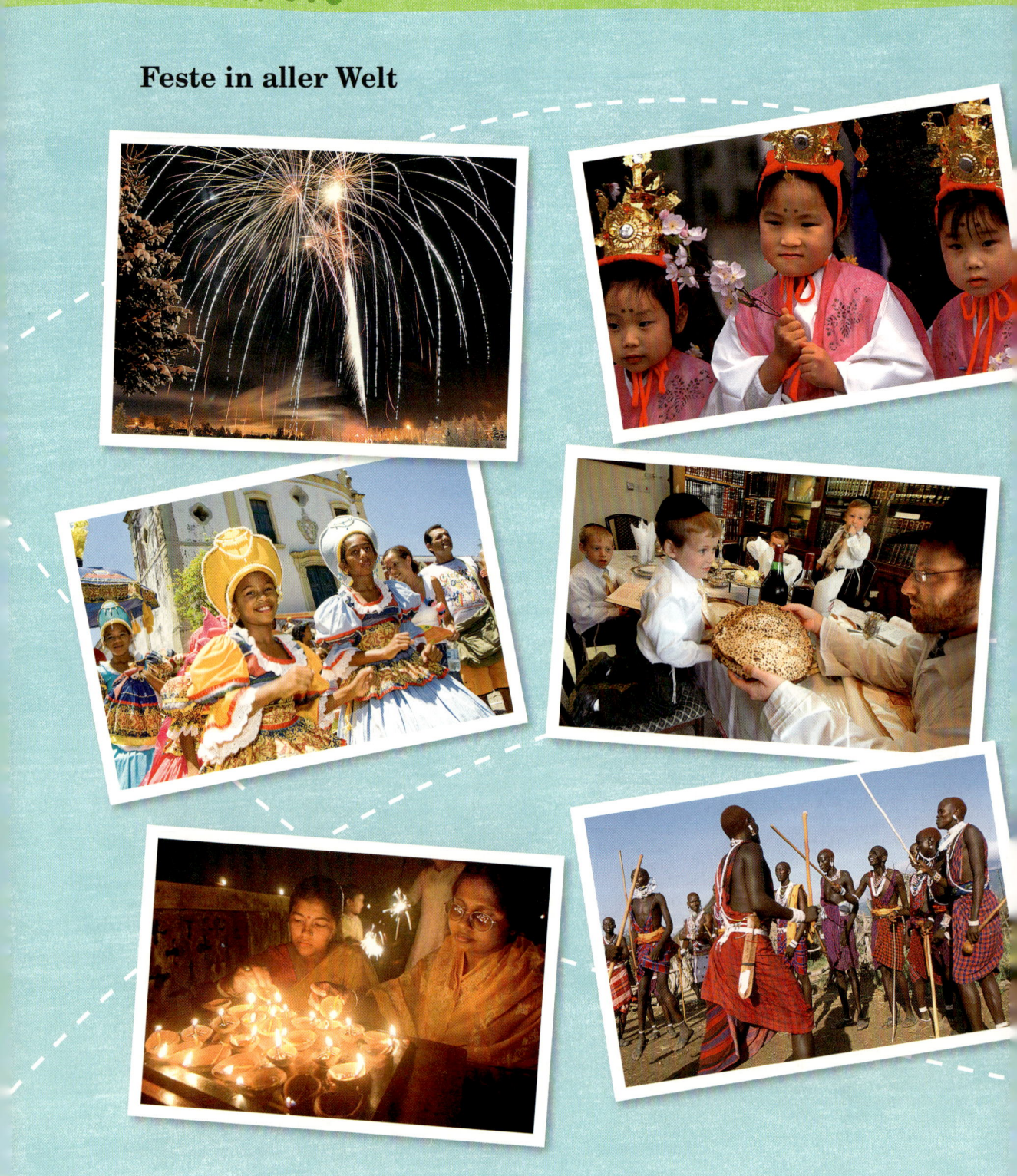

Feste in aller Welt

1 Welche Feste kennt ihr? Erzählt.

S. 196: Ein Referat vorbereiten

Vitamin-Smoothie

Ein Smoothie ist ein cremiges, dickflüssiges Getränk,
für das die ganzen Früchte, bis auf die Schalen und die Kerne,
püriert werden.
Je nach Rezept, wird das Fruchtpüree mit Säften gemischt.

Zutaten:
- 2 Bananen
- 2 Äpfel oder Birnen
- 4 Orangen
- 2 EL Honig
- etwas Traubensaft

Zubereitung:
- Schäle die Bananen, Äpfel oder Birnen und schneide sie in grobe Stücke.
- Presse die Orangen aus.
- Gib alle Zutaten in einen Mixer und püriere sie.
- Verdünne den Smoothie mit etwas Traubensaft, wenn dir die Mischung zu dickflüssig ist.

Im Herbst

IMMER, WENN MAN DENKT, ES KANN NICHT NOCH SCHLIMMER KOMMEN, WIRD MAN EINES BESSEREN BELEHRT.

DIESMAL IST ES ABER ETWAS ANDERES...

WAS KÖNNTE SCHLIMMER SEIN, ALS IN DRACHENSCHNUR GEWICKELT KOPFÜBER VON EINEM BAUM ZU HÄNGEN?

Charles M. Schulz

Gedichtewerkstatt im Herbst

Herbstwind

Erst spielt der Wind nur Fußball
mit Vaters bestem Hut,
dann schüttelt er die Bäume,
die Blätter riechen gut

und lässt die Drachen leben
und wringt die Wolken aus.
Der Herbstwind lässt uns beben,
wir gehen nicht nach Haus.

Günter Ullmann

Ein Gedicht vertonen
- Überlege, welche Stellen im Gedicht du mit Instrumenten vertonen willst.
- Wähle zu jeder Textstelle ein Instrument aus, das gut passt.

Herbsträtsel

Er hat ein Gesicht, aber leider kein Bein.
Er hat nur ein Schwänzchen,
das wackelt beim Tänzchen,
ist mit Wind und Wolken gut bekannt,
ich halt ihn fest in meiner Hand.

Ein Gedicht verzieren
- Schreibe ein Gedicht schön auf ein Blatt.
- Du kannst auch mit dem Computer schreiben.
- Verziere es oder male passende Bilder dazu.

Herbstgedicht

Ich schreibe dir ein Herbstgedicht
von überreifen Birnen.
Um Äpfel, Zwetschgen geht es nicht:
Dies ist ein reines Birngedicht.
So tief im Laub und gelb im Licht,
So schwer, dass hier die Zeile bricht.

Jürg Schubiger

Novembertag

Nebel hängt wie Rauch ums Haus,
drängt die Welt nach innen;
ohne Not geht niemand aus;
alles fällt in Sinnen.

Leiser wird die Hand, der Mund,
stiller die Gebärde.
Heimlich, wie auf Meeresgrund,
träumen Mensch und Erde.

Christian Morgenstern

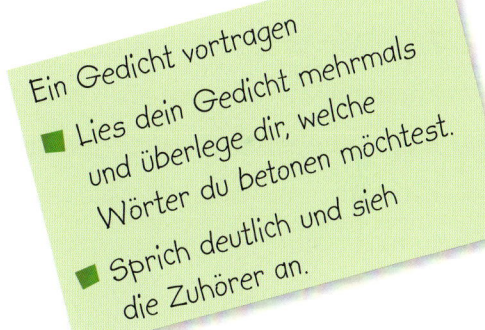

Ein Gedicht vortragen
- Lies dein Gedicht mehrmals und überlege dir, welche Wörter du betonen möchtest.
- Sprich deutlich und sieh die Zuhörer an.

1 Welche Ideen für eine Gedichtewerkstatt habt ihr noch?

2 Präsentiert eure Ergebnisse.

➔ S. 197: Einen Text am Computer gestalten
S. 200: Texte und Bilder ausstellen

Hinter verzauberten Fenstern

Julia ist enttäuscht. Ihr kleiner Bruder Olli bekommt einen Schokoladen-Adventskalender. Genauso einen hatte sie sich gewünscht. Ihrer ist aus Papier, auf dem ist nur ein Haus abgebildet, mit Glitzerstaub überzogen. Doch in der Nacht holt sie neugierig den Kalender in ihr Zimmer.

Julia fuhr mit dem Finger über den silbernen Glitzerstaub, der überall auf dem Kalender war. Er glitzerte und schimmerte wie silberner Schnee.
Schön!, dachte Julia – und ärgerte sich darüber. Sie betrachtete
5 das Haus. Es war schmal und hoch. Dreiundzwanzig Fenster hatte es und eine hohe dunkelblaue Tür. Julia zählte acht Stockwerke. Auf jedem der geschlossenen Fenster war eine Zahl, groß und golden. Und auf der Tür prangte die 24. Die 1 war ganz oben – unter dem Dach. Was war hinter den dunklen Fenstern? Vielleicht die Bewohner von
10 diesem komischen Haus? Julia schob ihr Gesicht ganz nah an den Kalender heran, bis ihre Nase an die Pappe stieß. Und dann versuchte sie, in das Fenster mit der 1 zu schielen. Ging natürlich nicht. Ärgerlich richtete Julia sich auf. So ein Blödsinn. Sie tat ja, als ob das ein wirkliches Haus wäre.
15 Hm. Was war nur auf den Bildern hinter den Fenstern? Eins könnte sie doch wenigstens mal aufmachen. Nur ein Stückchen.
Nervös machte sie sich an dem Fenster mit der 1 zu schaffen. Den Fingernagel unter die Ecke, ein Griff mit dem Daumen – und das Fenster klappte auf.
20 Julia blickte in eine düstere Rumpelkammer. Ein paar Kartons, eine alte Badewanne mit Klauenfüßen, ein verschnürter Sack, jede Menge Gerümpel. Und an einem klapprigen Kleiderständer hing ein riesiger, schwarzer Mantel. Das war alles. Julia starrte das Bild ungläubig an. Der blöde Kalender hatte sie hereingelegt!
25 Ich werde ihn wieder in die Küche legen, dachte sie. Und morgen mache ich die 1 nochmal auf und Mama wird sehen, was sie mir da gekauft hat.

Wie der Kalender glitzerte. Julia zögerte. Dann stand sie auf, stellte einen Stuhl neben ihr Bett und lehnte den Kalender neben die Stuhllehne. Dann kroch sie unter die Decke und knipste das Licht aus.

Als Julia am nächsten Morgen in die Küche kam, saßen die anderen drei schon am Frühstückstisch.
Olli warf Julia einen neugierigen Blick zu. „Dein Kalender ist weg", sagte er. „Hast du ihn weggeschmissen?"
„Ich hab ihn oben", sagte Julia. Mama hob überrascht die Augenbrauen. „Ach, gefällt er dir plötzlich doch?"
„Er ist ganz hübsch."
„Soll ich dir deinen Kalender noch schnell aufhängen, bevor ihr zur Schule müsst?" Julia nickte. „Über meinem Bett."
„Der glitzert ja", bemerkte Olli neidisch. „Nachts glitzert er noch mehr", sagte Julia und öffnete das erste Fenster.
„Das ist ja nur ein Dachboden!", sagte Mama und lehnte sich vor.
Julia stand stocksteif da und starrte das Bild an.
„Das nächste Bild ist bestimmt schöner."
„Macht nichts", sagte Julia und starrte weiter das Bild an.
„So ein blödes Bild!", sagte Olli.
Julia starrte das erste Kalenderbild an. Ihr Herz klopfte wie verrückt. Der Mantel war weg. Weg! Einfach weg! Wo er nachts noch gehangen hatte, war jetzt nur ein leerer Kleiderbügel. Keine Spur von einem Mantel.

Cornelia Funke

1 Was könnte mit dem Mantel geschehen sein?

Vorweihnachtstrubel

Grüner Kranz mit roten Kerzen,
Lichterglanz in allen Herzen,
Weihnachtslieder, Plätzchenduft,
Zimt und Sterne in der Luft.
Garten trägt sein Winterkleid.
Wer hat noch für Kinder Zeit?

Leute packen, basteln, laufen,
grübeln, suchen, rennen, kaufen,
kochen, backen, braten, waschen,
rätseln, wispern, flüstern, naschen,
schreiben Briefe, Wünsche, Karten,
was sie auch von dir erwarten.

Doch wozu denn hetzen, eilen,
schöner ist es zu verweilen
und vor allem dran zu denken,
sich ein Päckchen Zeit zu schenken.
Und bitte lasst doch etwas Raum
für das Christkind unterm Baum.

Ursel Scheffler

Schneezauber

Schneeverhangen die Tannen,
brechen unter der Wucht –
Nebel spinnen und spannen
sich um Pfade und Schlucht.

Knackt ein Ast nur zuzeiten,
fern ein Vogelruf schallt –
sonst kein Laut in den Weiten,
im verzauberten Wald.

Lulu von Strauß und Torney

1 Welches Gedicht gefällt dir besser? Begründe.

Glücksbonbon

So wird es gemacht:

Du brauchst:
Papprolle von Toilettenpapier, Klebestift, Geschenkpapier (dreimal so breit wie die Rolle), Geschenkband, kleine Süßigkeiten (Bonbons, Schokomarienkäfer, …), Konfetti, Glücksbringer, Wünsche zum neuen Jahr

1. Papprolle in zwei Teile zerteilen
2. Geschenkpapier um die Rolle wickeln
3. ein Rollenende mit Geschenkband zubinden
4. Rolle mit Süßigkeiten, Konfetti, … füllen
5. zweites Rollenende zubinden
6. Rolle verzieren

Bonne Année!

Yiliniz kutlu olsun!

Sonne, Mond und Sterne,
alles liegt in weiter Ferne,
doch das Gute, das ist nah,
ein glückliches, frohes neues Jahr!

Ich bin die kleine Neujahrsfee,
stecke tief im dichten Schnee,
drum schick ich dir aus weiter Ferne
eine Hand voll Zaubersterne!

Frohes neues Jahr!   *Happy New Year!*

1. Welche Glücksbringer kennst du?
2. Erfinde eigene Neujahrssprüche.
3. Informiere dich über Neujahrsbräuche in anderen Ländern.

Der große Fino Schokoladenfabrik

Plötzlich stand er mitten auf einer Lichtung im Wald –
dort, wo sich die wilden Hasen treffen. Sein Fell schimmerte golden und
silbern, seine Ohren trug er stolz erhoben und das Blitzen seiner Augen
flößte selbst dem wildesten Hasen Respekt ein. Allen war klar: Er war
5 ein Osterhase!

Wilde Hasen sind ein eigenes Volk. Mit Osterhasen haben sie nicht viel
zu tun. Niemals würden sie harte Eier bunt bepinseln und in Körben
zu Menschenkindern tragen. Aber natürlich wäre jeder wilde Hase
gern einmal der Osterhase.

10 Plötzlich stand nun dieser große, unerhört glänzende Osterhase
auf der Lichtung des Waldes. Stumm starrte er in die Runde.
Die wilden Hasen rückten enger zusammen. Einer von ihnen fasste sich
ein Herz: „Willkommen bei uns im Hasenwald!"
„Willkommen im Hasenwald!", riefen alle wilden Hasen. Dann war es
15 wieder still. Verzagt saßen die wilden Hasen vor dem mächtigen,
strahlenden Osterhasen. „Womit können wir dienen?" Der Osterhase
schwieg.

„Purzelbäume gefällig?" Über Purzelbäume würde er sich bestimmt
freuen. Also purzelten sie wild durcheinander. Aber der hohe Herr
20 Osterhase verzog keine Miene.

„Vielleicht will er Möhren", schlug Willi zaghaft vor. Der hohe Herr
schnupperte nicht einmal. Doch Willi hatte etwas gesehen.
„Auf seiner rechten Pfote", flüsterte er, „steht Fino Schokoladenfabrik."
„Fino Schokoladenfabrik!" Ehrfurchtsvoll ging der Name reihum.
25 „Was für ein würdiger Name. So lang und so schwierig!"

Es war schon fast Mittag und die wilden Hasen wollten nicht ewig auf
der Lichtung warten. Doch man konnte Fino Schokoladenfabrik auch
nicht alleine lassen. Schließlich blieb Willi zur persönlichen Betreuung
zurück. Willi setzte sich zu seinen Füßen, bereit ihm jeden Wunsch
30 von den Lippen abzulesen. Aber der blieb stumm.

Die Sonne brach durch das Geäst, es wurde heiß auf der Lichtung und immer heißer.

Plötzlich fuhr Willi hoch. Herr Fino hatte sich bewegt. Sein rechter Löffel bog sich sanft nach unten. Dann der linke. Was war das?

35 Herr Fino sank in sich zusammen. Alles an ihm blieb blitzend und hell, doch sein Haupt schien kleiner zu werden, die glänzende Schnauze drückte sich nach innen und die strengen Augen rückten zusammen. Herr Fino schielte plötzlich fürchterlich.

„Er schmilzt!", schrie Willi verzweifelt. „Heilige Mohrrübe,
40 der schmilzt mir weg wie ein Schneemann!"
Und wo jetzt auch noch die Hülle aufriss, quoll eine warme duftende Masse heraus. Willi schnupperte. Plötzlich vergaß er all seine Pflichten. Herr Fino schmeckte ausgezeichnet.

Am Abend fanden die wilden Hasen einen Willi, der mit verklebter
45 Schnauze neben einer gold und silbern glänzenden Kugel hockte. Das war alles, was von Herrn Fino übriggeblieben war. Willi rief: „Herr Fino Schokoladenfabrik hat uns verlassen. Es hat puff gemacht und weg war er. Zurückgelassen hat er nur diese glänzende Kugel, mit der man prima Fußball spielen kann."
50 Die wilden Hasen waren froh, dass die unheimliche Begegnung ein Ende hatte. Als Willi zeigte, wie man einen Elfmeter schießt, da hatten sie die Herkunft des Balles auch schon wieder vergessen. Und so sollten sie nie die Wahrheit über den Schokoladenhasen erfahren, den ein wirklicher Osterhase
55 auf der Lichtung vergessen hatte.

Norbert Landa

1 Warum erzählt Willi den anderen Hasen nicht die Wahrheit?

→ S. 198: Einen Text als Comic gestalten

Das jüdische Purim-Fest

Am 14. Adar (im Februar oder März) findet bei den Juden das fröhliche Purim-Fest, das Fest der Einheit und Freundschaft, statt.

Die Juden feiern, dass Königin Esther ihr Volk davor bewahrte, von dem Bösewicht Haman umgebracht zu werden.
Am Tag des Purim-Festes verkleiden sich die Kinder und nehmen Rasseln mit in die Synagoge*. Wenn die Geschichte von Esther vorgelesen wird, dürfen die Kinder jedes Mal, wenn der Name des bösen Haman zu hören ist, Krach machen.
Natürlich gibt es an Purim auch ein Festmahl mit der ganzen Familie und Freunden. Besonders auf die Haman-Taschen freuen sich alle. Sie sollen die Ohren des Haman darstellen.

Fips erklärt

Synagoge: jüdisches Gotteshaus

Zutaten für ungefähr 12 Haman-Taschen

- 1 Tasse Mehl
- ¼ Tasse Zucker
- ¼ Tasse weiche Margarine oder Öl
- 1 Esslöffel Orangensaft
- 1 Ei
- 1 Päckchen Vanillezucker
- 1 Teelöffel Backpulver
- 1 Prise Salz
- Füllung: Mohnfüllung oder Pflaumenmus

Zubereitung:

- Gib alle Zutaten in eine große Schüssel und knete sie zu einem Teig.
- Rolle den Teig dünn aus und stich mit einem Glas Kreise aus.
- Gib in die Mitte jedes Kreises einen halben Teelöffel Mohnfüllung oder Pflaumenmus.
- Klappe den Teig an drei Seiten hoch, bis sich die umgeklappten Teile treffen. Drücke sie etwas fest.
- Streiche mit einem Pinsel geschlagenes Ei auf die Hamantaschen.
- Backe sie im vorgeheizten Backofen bei 175 Grad etwa 20 Minuten.

Abschiedsfeier

Vier gemeinsame Jahre
sind vergangen.
Wir laden Eltern, Großeltern
und Geschwister ein
zu unserer

Abschiedsfeier

am 3. Juli, ab 14 Uhr.

Wir bieten:
Hitparade – unsere beliebtesten Songs
Quiz: Kennst du deine Klassenkameraden?
Sketche aus der Schule
Buffet: Leckereien aus aller Welt
Rateshow: Kinder gegen Eltern
Überraschungsgeschenk für alle Schüler
Abschiedsrap

Wir kommen auch!

1 Sammelt Ideen für euer Abschiedsfest.

S. 197: Einen Text am Computer gestalten

Sommerbeginn in Schweden

Hey Silke und Leon,
klaro, dass ich oft an euch und meine alte Klasse denke :-(Aber eigentlich fühlen wir uns jetzt schon sehr wohl in Schweden. Mama ist ganz glücklich mit ihrer neuen Arbeit im Krankenhaus von Östersund. Und ich treffe mich oft mit Kristina und ihrem großen Bruder Elias. Gestern haben wir bis kurz vor Mitternacht zusammen in ihrem Garten gespielt. Grüße von Theresa

> Hallo Thesi, was sind denn das für Spiele, die man noch kurz vor Mitternacht im Freien spielen kann? Mir fällt da nur „Blinde Kuh" ein. Oder Verstecken. Geht doch ganz leicht, wenn es dunkel ist, oder? Silke :-D

Haha, Silke, hast du noch nichts von den Mittsommernächten in Schweden gehört? Am Sommeranfang geht bei uns die Sonne fast nicht unter. Sie verschwindet nur ein Stück am Horizont und geht danach schon gleich wieder auf. Es wird nur für kurze Zeit ein bisschen dämmrig. Theresa

> :-O Das ist echt cool! Da könnte man ja ein tolles Fest feiern. Leon

Machen wir auch. Am Freitag nach dem 21. Juni ist in Schweden Midsommarafton. Meine Mama, David und ich sind bei Kristina eingeladen, aber auch noch viele andere Freunde und Bekannte. Wir feiern alle zusammen im Garten. Am Anfang des Abends müssen wir Blumen und Blätter sammeln und damit die Midsommarstangen schmücken. Die wird dann im Garten aufgestellt.
:-)) Grüße nach Deutschland von Thesi aus Schweden

> Hört sich so an, als wäre die Midsommarstången so etwas Ähnliches wie unser Maibaum? Silke

Hi Silke, das glaub ich auch, ich schicke dir ein Foto vom letzten Jahr, das mir Kristina gemailt hat. Um diesen Baum tanzen dann alle herum. Lasse spricht nur noch vom Små Grodorna. Das ist sein Lieblingstanz. Und wenn ich ihn richtig verstanden habe, hüpfen da alle wie Frösche herum. Ob ich da mitmache? Ich soll nämlich auch ein weißes oder geblümtes Kleid anziehen, so wie alle anderen Mädchen. Zu essen und zu trinken gibt es natürlich jede Menge. Auf einem Tisch im Garten wird alles angerichtet. Theresa

> Das kann ich mir schon denken, was ihr da esst.
> Wahrscheinlich Köttbullar. Silke ;-)

Bingo, Silke! Und Prinskorv, das sind warme Würstchen.
Die Erwachsenen essen vor allem Hering, der heißt hier Sill, dazu Knäckebrot und Sauerrahm. Zum Nachtisch gibt es Erdbeeren mit Sahne. Kristina hat mir verraten, dass wir auch Spiele machen. Sie freut sich schon aufs Hufeisenwerfen. Für mich wird das nicht leicht :-S
Ich wette, vor dem Morgen gehen wir nicht ins Bett und alle anderen in Schweden auch nicht. Ciao, Thesi

> Hallo Theresa, der nächste Tag wird ja dann bestimmt ein schläfriger Tag in ganz Schweden (~_~)
> Schickst du mir ein paar Fotos vom Midsommarafton oder wie das heißt? Bye Silke :-))

1 In vielen Ländern wird der Sommerbeginn gefeiert. Informiere dich.
www.fragfinn.de
www.blinde-kuh.de

Ideen und Tipps

Ein Akrostichon schreiben

Sonnenschein wärmt das Wasser.
Oh, wir können endlich im See baden.
Mit meinen Freunden mache ich eine Wasserschlacht.
Manchmal liegen wir faul auf der Decke.
Eis essen wir natürlich auch.
Riesenspaß macht die lange Rutsche.

Liest begeistert.
Isst gerne Eis.
Spielt Fußball.
Albert oft herum.

Das Akrostichon ist eine griechische Gedichtform. Der Inhalt des Gedichtes bezieht sich auf ein untereinandergeschriebenes Wort. Jeder dieser Buchstaben ist der Beginn eines neuen Wortes, eines Satzteils oder eines ganzen Satzes.

So geht's

1. Suche dir ein Wort, zu dem du ein Akrostichon schreiben möchtest.
2. Schreibe die Buchstaben des Wortes untereinander.
3. Entscheide, ob du Wörter oder Sätze bilden möchtest.

Tipps von Kindern

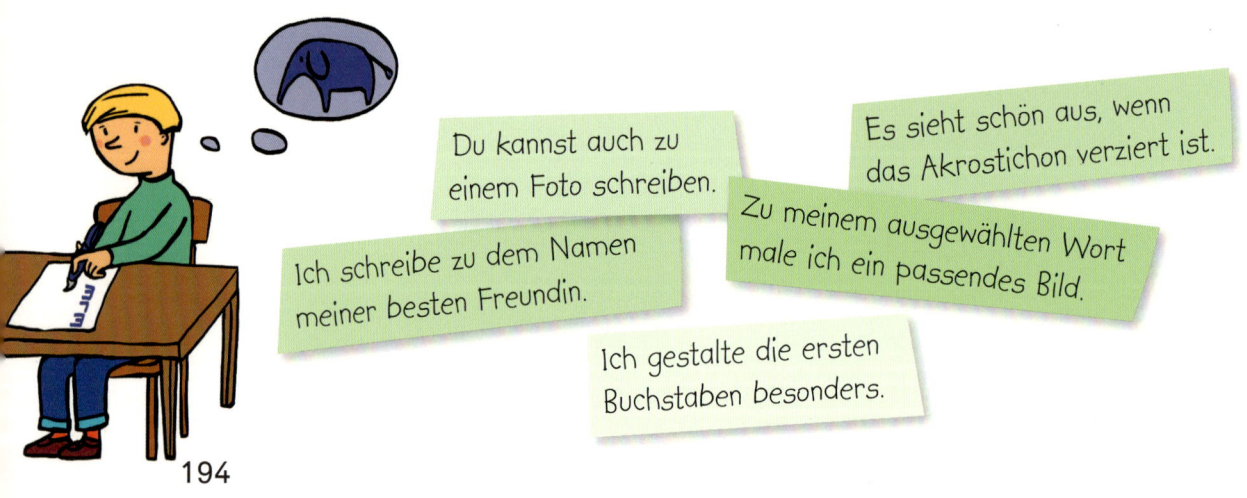

Du kannst auch zu einem Foto schreiben.

Es sieht schön aus, wenn das Akrostichon verziert ist.

Ich schreibe zu dem Namen meiner besten Freundin.

Zu meinem ausgewählten Wort male ich ein passendes Bild.

Ich gestalte die ersten Buchstaben besonders.

Einen Text in der Ich-Form schreiben

Der Fuchs und der Storch

Ein Fuchs lud eines Tages den Storch zum Essen ein. Er kochte eine köstliche Suppe, die er in einem Suppenteller servierte. „Greif zu!", sagte Fuchs hinterlistig zum Storch. Der Storch versuchte vergeblich, mit seinem langen Schnabel etwas von der Suppe zu essen. „Dir schmeckt es wohl nicht?", fragte der Fuchs. „Ich habe keinen Hunger, lieber Fuchs, aber komme du doch morgen zu mir zum Essen."
Am nächsten Tage servierte der Storch dem Fuchs ein köstlich duftendes Essen und servierte es in einer hohen Flasche. Der Fuchs sah und roch das Essen, kam aber nicht heran. „Mein lieber Fuchs, hast du keinen Hunger?", fragte der Storch und ließ sich das Essen mit dem spitzen Schnabel schmecken. Der Fuchs aber machte sich hungrig davon.

nach Aesop

So geht's

1. Suche eine Figur aus dem Text aus.
2. Überlege, wie die Figur denkt, fühlt und handelt.
3. Schreibe in der Ich-Form auf, was die Figur erlebt.

> Eines Tages überlegte ich mir, wie ich den Storch ärgern könnte. Da hatte ich eine Idee ...

Tipps von Kindern

> Ich überlege mir einen Einleitungssatz.

> Treffende Adjektive helfen, die Gefühle zu beschreiben.

> Ich lese meinen Text einem Partner vor.

> Erfinde nichts Neues dazu.

> Ich überprüfe, ob ich die Reihenfolge der Geschichte eingehalten habe.

> Zum Schluss male ich noch ein Bild zu meinem Text.

Ein Referat vorbereiten

Ich halte heute ein Referat über die Stockente.

So geht's

1. Suche dir Informationen zu deinem Thema.
2. Schreibe alle wichtigen Informationen auf Kärtchen.
3. Bringe deine Kärtchen in eine sinnvolle Reihenfolge.

Tipps von Kindern

Ich hänge ein passendes Poster auf.

Es ist gut, wenn du schwierige Wörter an die Tafel schreibst.

Sprich beim Vortrag langsam und deutlich und sieh die Zuhörer an.

Ich suche zu meinem Thema Fotos oder passende Gegenstände.

Einen Text am Computer gestalten

Kühle Meereswellen
wiegen Fische und Boote
langsam in den Schlaf

Kühle Meereswellen
wiegen Fische und Boote
l a n g s a m in den Schlaf

So geht's

1. Schreibe den Text mit dem Computer.
2. Suche eine Schriftart aus, die dir gut gefällt.
3. Überlege, welche Schriftgröße günstig ist.
4. Prüfe, ob manche Wörter kursiv oder fett gedruckt werden sollen.
5. Überlege, ob du den Text farbig gestalten willst.

Tipps von Kindern

Ich probiere gerne **verschiedene** Schriftarten aus. Das macht **richtig Spaß.**

Überschriften schreibe ich farbig.

Für kurze Texte ist oft eine große Schrift passend.

Im PC kannst du verschiedene Rahmen auswählen.

Einen Text als Comic gestalten

Der Fisch mit dem goldenen Bart

> Mein bester Freund ist verschwunden.

> Ich bringe dich an Land, damit du deinen Freund suchen kannst. Du musst vor Sonnenuntergang wieder im Meer sein, sonst wirst du sterben.

> Schneide deinen goldenen Bart ab als Bezahlung für den Fisch.

So geht's

1. Wähle einen Text aus und überlege dir die Handlungsschritte.
2. Male zu jedem Handlungsschritt ein Bild.
3. Verwende Sprechblasen und Denkblasen.

Tipps von Kindern

Wir malen und schreiben in der Gruppe einen Comic.

Stellt eure Comics aus.

Ich wähle einen kurzen Text, dann muss ich weniger Bilder malen.

Ich achte darauf, dass meine Bilder und meine Schrift gut zu erkennen sind.

Ein Hörspiel aufnehmen

„Ich bringe einen neuen Schüler", erklärte Frau Dr. Elkenbach. Timo zuckte zusammen. Ausgerechnet der sollte in diese Klasse? Frau Völker sagte: „Schön. Wie heißt du denn?" Frau Dr. Elkenbach legte eine Hand auf die Schulter des Jungen. „Das ist Anton", sagte sie, „und er kommt aus …"
„Artur", brüllte der Grinser los. Er pflanzte sich fast drohend vor der Schulleiterin auf. „Mein Name ist Artur!" Einigen rutschte ein Lachen heraus.

> Frau Dr. Elkenbach: Ich bringe einen neuen Schüler.
> Frau Völker: Schön. Wie heißt du denn?
> Frau Dr. Elkenbach: Das ist Anton und er kommt aus …
> Artur *(schlägt wütend auf den Tisch)*: Artur! Mein Name ist Artur! *(Kinder murmeln, einige lachen)*

So geht's

1. Überlegt, welche Personen sprechen und ob ihr einen Erzähler braucht.
2. Schreibt auf, was und wie die verschiedenen Personen sprechen.
3. Probiert passende Geräusche dazu aus.
4. Übt euer Hörspiel mehrmals und nehmt es dann auf.

Tipps von Kindern

Ich spreche mit veränderter Stimme.

Wir suchen Texte aus, in denen mehrere Personen sprechen.

Wenn ihr die Personen ab und zu mit Namen ansprecht, kann der Hörer sie besser erkennen.

Texte und Bilder ausstellen

So geht's

1. Sucht Texte oder Bilder und überlegt, wie ihr sie ausstellen möchtet.
2. Wählt die passenden Materialien aus.
3. Achtet bei eurer Gestaltung darauf, dass ihr sorgfältig arbeitet.
4. Stellt eure Werke aus.

Tipps von Kindern

Die Säule eignet sich prima, um Bilder und Texte für eine Ausstellung zu präsentieren.

Aus unserem Comic haben wir ein Faltbuch gemacht.

Ich nehme gerne farbiges Papier.

Dein Faltbuch wird haltbarer, wenn du es in einen Umschlag aus Tonpapier klebst.

Theater spielen

> Wir brauchen Brot und Butter ... und Erdbeermarmelade.

> Ja, kannst du denn plötzlich Englisch?

> Ich gehe das Brot kaufen.

> Ein bisschen.

> O.K.

So geht's

1. Lest den Text und verteilt die Rollen. Überlegt, ob ihr einen Erzähler braucht.
2. Versetzt euch in eure Rolle hinein. Bewegt euch und sprecht, wie es zu der Rolle passt.
3. Überlegt, welche Requisiten und Kulissen ihr für das Theaterstück benötigt.
4. Probt das Stück mehrmals, bevor ihr es aufführt.

„Wir brauchen Brot und Butter ... und Erdbeermarmelade", sagt Mama.
„Ich gehe das Brot kaufen", sagt Julia. Alle starren sie an.
„Ja, kannst du denn plötzlich Englisch?", fragt Papa.
„Ein bisschen", antwortet Julia. „O.K", meint Papa zögernd.

Tipps von Kindern

> Wir verkleiden uns und schminken uns passend.

> Es ist wichtig, dass wir laut und deutlich zum Publikum sprechen.

> Ich markiere, was ich spreche. Ich unterstreiche, was und wie ich spiele.

> Kinder, die nicht spielen, können die Kulissen malen.

Quellenverzeichnis

S. 4 Paul Klee: Die Legende vom Nil. 1937, 215. Pastell auf Baumwolle auf Kleisterfarbe auf Jute, 69 x 61 cm, Kunstmuseum Bern, Hermann und Margrit Rupf-Stiftung; **S. 5** Illustrationen aus: Catharina Roehrig: Spaß mit Hieroglyphen. Aus dem Englischen von Edmund Jacoby. Copyright © 1990, 2008 The Metropolitan Museum of Art, New York. Deutsche Ausgabe Copyright © 2009 Verlagshaus Jacoby & Stuart, Berlin; **S. 6/7** Paul Maar: A-E-I-O-U. Aus: Jaguar und Neinguar, Oetinger Verlag, Hamburg 2007; Christian Morgenstern: Das große Lalula. Aus: Sämtliche Galgenlieder, Deutscher Taschenbuch Verlag, München 1992; Hans Manz: Treppengedicht. Aus: Die Welt der Wörter, Sprachbuch für Kinder und Neugierige, © 2003 Beltz & Gelberg in der Verlagsgruppe Beltz, Weinheim & Basel; **S. 9** Anne und Paul Maar: Gleicher Anfangsbuchstabe (gekürzt). Aus: Mehr Affen als Giraffen, Oetinger Verlag, Hamburg 2009; **S. 10/11** Sabine Ludwig: Ein Haufen Ärger (gekürzt). Aus: Ein Haufen Ärger, Fischer Taschenbuch Verlag GmbH, Frankfurt/M. 2004, © Dressler Verlag, Hamburg 2001; **S. 12** Gerda Anger-Schmidt: Bauernregeln für Kinder. Illustrationen von Birgit Duschek. Aus: Sei nicht sauer, meine Süße! Dachs Verlag, Wien 1997; **S. 13** Rolf-Bernhard Essig: Ein Glückspilz sein; Ein Pechvogel sein. Aus: Da wird doch der Hund in der Pfanne verrückt! Hanser Verlag, München 2009; **S. 14** Hans Manz: Wunder des Alltags. Aus: Hans-Joachim Gelberg (Hrsg.): Überall und neben dir, © 1986 Beltz & Gelberg in der Verlagsgruppe Beltz, Weinheim & Basel; **S. 16/17** Thomas Winding: Der Hundebesitzer (gekürzt). Aus: Mein kleiner Hund Mister und die Katze im Haus, aus dem Dänischen von Gabriele Haefs, Carlsen Verlag, Hamburg 2001; **S. 18** Klaus Kordon: Wenn du ganz allein bist. Aus: Uwe-Michael Gutzschhahn (Hrsg.): Ich möchte einfach alles sein, Deutscher Taschenbuch Verlag, München 1999, © Carl Hanser Verlag, München; **S. 19** Sybille Hein: Gute Frage. Aus: Der bunte Hund, 1/2008 (S. 14); **S. 20/21** Friedrich Karl Barth: Himbeermarmelade. Aus: Himbeermarmelade, Peter Hammer Verlag GmbH, Wuppertal 2003, © Friedrich Karl Barth; **S. 26/27** Regina Rusch: Timo und der Neue (gekürzt). Mit Vignetten von Iris Hardt. Aus: Nicht mit Timo! Eine Geschichte über Gewalt in der Schule, © 2007 cbj Verlag, München, in der Verlagsgruppe Random House GmbH; **S. 30** Pete Seeger: To everyone in all the world. © 1990 by Stormking Music Inc., Rechte für Deutschland: Essex Musikvertrieb GmbH, Hamburg; **S. 32/33** Antonia Michaelis: Wonn Brett (gekürzt). Aus: Das besten Leselöwen-Mädchengeschichten, Loewe Verlag, Bindlach 2009; **S. 34** Sina Löschke: Erdbebenalarm in Tokio. Aus: GEOlino 9/2005 (S. 10); Nationalsport Sumo-Ringen. Nach: Katharina Koller, GEOlino 8/2006 (S. 7); Fotos: S. 34.1 AFP/Getty Images; S. 34.2 2005 Getty Images; **S. 36–38** Hermann Schulz: Mandela und Nelson (gekürzt). Aus: Mandela und Nelson, Carlsen Verlag, Hamburg 2010; **S. 40** Eine Reise nach Berlin. Nach: Sophie Bauer: Familien-Reiseführer Berlin, Companions Verlag, Hamburg 2008; **S. 42–44** Annette Herzog/Katrine Clante: Flieger am Himmel. Aus: Flieger am Himmel, Peter Hammer Verlag GmbH, Wuppertal 2009; **S. 45** Ilse Kleberger: Wirf mir den Ball zurück, Mitura! Aus: Ilse Kleberger (Hrsg.): Wirf mir den Ball zurück, Mitura! Schaffstein Verlag, Dortmund 1978; **S. 48** Jörg Dähne/Foto: Matthias Deumlich; **S. 49** Hans Manz: Ein arbeitsreicher Tag. Aus: Die Welt der Wörter, Sprachbuch für Kinder und Neugierige, a. a. O.; Josef Reding: Faulenzen. Aus: Gutentagtexte, Engelbert Verlag, Balve (Sauerland) 1974; **S. 50–52** Nasrin Siege: Wenn der Löwe brüllt (gekürzt). Aus: Wenn der Löwe brüllt, © Peter Hammer Verlag GmbH, Wuppertal 2009; **S. 53** Erwin Grosche: Nach dem Spülen. Aus: König bin ich gerne, © 2006, Omnibus, cbj Verlag, München; **S. 54–56** Mark Twain: Tom Sawyer: Der kluge Anstreicher (gekürzt). Mit Bildern von Hans G. Schellenberger. Aus: Tom Sawyers Abenteuer, aus dem Amerikanischen von Lore Krüger, © 2010 Arena Verlag, Würzburg; **S. 58/59** Erich Kästner: Das doppelte Lottchen (gekürzt). Aus: Das doppelte Lottchen, Dressler Verlag, Hamburg 1981, © Atrium Verlag AG, Zürich; **S. 60/61** Renate Welsh: Die Brücke. Aus: Hans Domenego u. a.: Das Sprachbastelbuch, G & G Buchverlagsges.m.b.H., Wien 3. Neuauflage 2010; Fotos: S. 60 Siegfried Kuttig, Lüneburg; S. 61.1 Bildagentur online; S. 61.2 Nils Bahnsen, Hamburg; S. 61.3 Fotolia.com; **S. 62** Foto: Holger Klaes, Wermelskirchen; **S. 66** Stasys Eidrigevicius: Pinocchio. Aus: James Krüss: Hans Naselang, © 1989 NordSüd Verlag AG, CH-8005 Zürich/Schweiz; **S. 67:** Die fetten und die mageren Hühner/Der Hund und der Knochen, nach Aesop. Aus: Margaret Clark: Löwe, Hase & Co, deutsche Fassung von Tilde Michels, Ellermann Verlag, München 1991; **S. 68/69** James Matthew Barrie: Mit Peter Pan ins Land der Abenteuer (gekürzt). Aus: Peter Pan, ins Deutsche übertragen von Angelika Eisold-Viebig, © 2006 Arena Verlag, Würzburg; **S. 70–72** Paul Maar: In einem tiefen, dunklen Wald (gekürzt), Bilder von Verena Ballhaus. Aus: In einem tiefen, dunklen Wald, © Verlag Friedrich Oetinger, Hamburg 1999; **S. 73** Rolf Krenzer: Der Wolf und die sieben Geißlein. Aus: Hans-Joachim Gelberg (Hrsg.): Daumesdick, © 1990 Beltz & Gelberg in der Verlagsgruppe Beltz, Weinheim & Basel; Frantz Wittkamp: Zum Abschied. Aus: Ursula Remmers/Ursula Warmbold (Hrsg.): Ins Land der Fantasie, Reclam Verlag, Stuttgart 2003; **S. 76/77** Sabine Ludwig: Die schrecklichsten Mütter der Welt (gekürzt). Aus: Die schrecklichsten Mütter der Welt, Dressler Verlag, Hamburg 2009; **S. 78/79** Cornelia Funke: Gespensterjäger in großer Gefahr (gekürzt). Aus: Gespensterjäger in großer Gefahr, © 2001 by Loewe Verlag, Bindlach; **S. 82:** Fotos: S. 82.1 + 6 Fotolia.com; S. 82.2 iStockphoto.com; S. 82.3 Joker/Allgoewer; S. 82.4 Avenue Images/Siteman; S. 82.5 A1Pix/Your Photo today; **S. 83** Michail Krausnick: Pausenliebe. Aus: Der bunte Hund, 5/2008 (S. 32); Karin Gündisch: Stefan. Aus: Hans-Joachim Gelberg (Hrsg.): Die Erde ist mein Haus, © 1988 Beltz & Gelberg in der Verlagsgruppe Beltz, Weinheim & Basel; **S. 84/85** Dagmar H. Mueller: Nur Weicheier küssen nie (gekürzt). Bilder von Elisabeth Holzhausen. Aus: Nur Weicheier küssen nie, © 2004 by Thienemann Verlag (Thienemann Verlag GmbH), Stuttgart/Wien; **S. 86** Ja oder nein? nach: theaterpädagogische werkstatt GmbH, Osnabrück, (www.meinkoerpergehoertmir.de); **S. 88/89** Was hat der Hunger mit dem Zucker zu tun? (gekürzt). Aus: Susanne Reininger: Willi will's wissen – Warum richtige Ernährung nicht fett macht, Baumhaus Verlag, Frankfurt/M. 2007; **S. 92/93** Edith Schreiber-Wicke: Regenbogenkind. Aus:

Regenbogenkind, © 2000 by Thienemann Verlag (Thienemann Verlag GmbH), Stuttgart – Wien; **S. 94/95** Ernährung – bitte sinnvoll (gekürzt). Nach: Susanne Reininger: Willi will's wissen – Warum richtige Ernährung nicht fett macht, Baumhaus Verlag, Frankfurt/M. 2007; **S. 97** Paul Maar: Zukunft. Aus: Christine Knödler (Hrsg.): In wenigen Worten die ganze Welt, Thienemann Verlag, Stuttgart/Wien 2009; **S. 98** Karte: Detlef Seidensticker, München; **S. 99** Foto: Vario Images; **S. 100–102** Hanna Schott: Fritzi war dabei (gekürzt). Mit Bildern von Gerda Raidt. Aus: Fritzi war dabei, © 2009 by Klett Kinderbuch Verlag, Leipzig; **S. 103–105** Peter Schwindt: Justin Time – Im Jahr 2385 (gekürzt). Aus: Peter Schwindt: Justin Time – Zeitsprung, Loewe Verlag, Bindlach 2004; **S. 108–111** Sabine Ludwig: Der 7. Sonntag im August (gekürzt). Aus: Der 7. Sonntag im August, Cecilie Dressler Verlag, Hamburg 2008; **S. 114** Melanie Beutel, München; **S. 115:** S. 115.1 akg-images/E. Lessing; S. 115.2 Bridgmanart.com; **S. 122/124** Juma Kliebenstein: Über mich und meinen blöden ersten Schultag (gekürzt). Mit Zeichnungen von Alexander Bux. Aus: Der Tag, an dem ich cool wurde, © Verlag Friedrich Oetinger, Hamburg 2010; **S. 114** Josef Guggenmos: Sachensammler. Aus: Oh, Verzeihung, sagte die Ameise, © 1990 Beltz & Gelberg in der Verlagsgruppe Beltz, Weinheim & Basel; **S. 127** Fotos: Hildegard Albermann, Weitnau; **S. 131** Martin Klein: Wolkenzauber. Aus: Christine Knödler (Hrsg.): Geschichtenkoffer für Schatzsucher, Boje Verlag, Köln 2006; **S. 132:** Fotos: S. 132.1 Interfoto/Imagebroker; S. 132.2 Imago/Steinach; **S. 133** Karte: © Deutscher Wetterdienst 2008; **S. 134** Foto: Fotolia.com; **S. 135** Der musikalische Wasserhahn. Text: Klaus W. Hoffmann, Musik: Klaus W. Hoffmann/Rudi Mika, © Aktive Musik Verlagsgesellschaft mbH, Dortmund; **S. 136/137** David Henry Wilson: Der vergrabene Schatz (gekürzt). Mit Illustrationen von Axel Scheffler. Aus: David Henry Wilson: Jeremy James oder Elefanten sitzen nicht auf Autos, Carlsen Verlag, Hamburg 2002, © David Henry Wilson 1977; **S. 138** Superkaltes Eiswasser. Aus: Ulrike Berger: Die Klima-Werkstatt – Spannende Experimente rund um Klima und Wetter. Schau, so geht das, Bd. 1, © 2004 Family Media GmbH & Co. KG, Freiburg i. Br.; **S. 139** Das Rätsel der Eisberge. Aus: Ulrike Berger: Die Wasser-Werkstatt, 2004 Family Media GmbH & Co. KG, Freiburg i. Br.; Käpt'n Blaubär. Bulls Press GmbH, Frankfurt/M.; **S. 141** Foto: picture-alliance/dpa; **S. 142** Claude Monet: Seerosen. Interfoto/Archiv Hansmann; **S. 143** Michael Ende: Die Kaulquappe. Aus: Das Schnurpsenbuch, Thienemann Verlag, Stuttgart 1991; Gerd Bauer: Der Frosch. Aus: Hans-Joachim Gelberg (Hrsg.): Überall und neben dir, a. a. O.; **S. 144–146** Peter Schwindt: Die erste Reise. Aus: Ich schenk dir eine Geschichte, hrsg. von der Stiftung Lesen, 2009 cbj Verlag, München, © Peter & Paul Fritz AG, Literary Agency, Zürich; **S. 147** Die Hasen und die Frösche, nach Aesop. Aus: Fabeln von Äsop, Deutsch von Heinz Fischer, Patmos Verlag, Düsseldorf 1990; **S. 148/149** Fotos: iStockphoto.com; **S. 152** Erwin Grosche: Ganz neue Fische. Mit Illustrationen von Dagmar Geisler. Aus: König bin ich gerne. Geschichten und Gedichte für Kinder, © 2006 OMNIBUS, cbj Verlag, München, in der Verlagsgruppe Random House GmbH; **S. 153** Foto: Fotolia.com; **S. 156/157** Luisa Hartmann: Seehunde in Gefahr! Mit Illustrationen von Doro Göbel. Aus: Seehunde in Gefahr!, © 2009 Deutscher Taschenbuch Verlag, München; **S. 160** Campbell Laird/Stock Illustration Source/Picture Press; **S. 162/163** Sabine Ludwig: Sabine Ludwig erzählt, wie sie zum Schreiben kam. Originalbeitrag, Foto: Martin Becker – Fotografie, Berlin; **S. 164–166** Sabine Ludwig: Hilfe, ich habe meine Lehrerin geschrumpft (gekürzt). Aus: Hilfe, ich habe meine Lehrerin geschrumpft, Oetinger Verlag, Hamburg 2010; **S. 168** Cosmos Media UG, Berlin/Andreas Fischer; **S. 169** Bayerischer Rundfunk, Red. Multimedia/BR-Kinderinsel; **S. 171** Abbildungen: S. 171.1 + 2 © 2004 IMAV éditions/Goscinny – Sempé; S. 171.3 Face to Face; **S. 174–176** Christine Nöstlinger: Der TV-Karl (gekürzt). Mit Bildern von Jutta Bauer. Aus: Der TV-Karl, © 1998 Beltz & Gelberg in der Verlagsgruppe Beltz, Weinheim & Basel; **S. 180** Fotos: S. 180.1 A1Pix/Your Photo today; S. 180.2 Visum/ASK; S. 180.3 Stefano Paterna; S. 180.4 + 5 picture-alliance/dpa; S. 180.6 Schapowalow/Robert Harding; **S. 181** Im Herbst, © Peanuts Worldwide LLC., dist. By UFS, Inc.; **S. 182** Günter Ullmann: Herbstwind. Aus: Hans-Joachim Gelberg (Hrsg.): Überall und neben dir, a. a. O.; Herbsträtsel. www.kinderschutzbund-hoexter.de/Spiele-Reime%20etc.htm (Zugriff: September 2010); **S. 183** Jürg Schubiger: Herbstgedicht. Aus: Hans-Joachim Gelberg (Hrsg.): Großer Ozean, © 2004 Beltz & Gelberg in der Verlagsgruppe Beltz, Weinheim & Basel; **S. 184/185** Cornelia Funke: Hinter verzauberten Fenstern (gekürzt). Aus: Hinter verzauberten Fenstern, Fischer Verlag, Frankfurt/M. 2009; **S. 186** Ursel Scheffler: Vorweihnachtstrubel. Aus: Adventskalendergeschichten, Kerle Verlag, Freiburg 2000; Lulu von Strauß und Torney: Schneezauber. Aus: Balladen und Lieder. Diederichs Verlag, Jena 1902; **S. 186/187** Norbert Landa: Der große Fino Schokoladenfabrik (gekürzt). Aus: Leselöwen Osterhasengeschichten, Loewe Verlag, Bindlach 2005; **S. 193** Foto: F1online/Maskot.

Trotz entsprechender Bemühungen ist es nicht in allen Fällen gelungen, den Rechteinhaber ausfindig zu machen. Gegen Nachweis der Rechte zahlt der Verlag für die Abdruckerlaubnis die gesetzlich geschuldete Vergütung.

Inhaltsverzeichnis

A wie Anfang

- 4 Legende vom Nil Paul Klee
- 5 Hieroglyphen
- 6 A-E-I-O-U Paul Maar
- 6 Treppengedicht Hans Manz
- 7 Das große Lalula Christian Morgenstern
- 8 Ein Akrostichon ist auch ein Gedicht
- 9 Gleicher Anfangsbuchstabe Anne und Paul Maar
- 10 Ein Haufen Ärger Sabine Ludwig
- 12 Bauernregeln für Kinder Gerda Anger-Schmidt, Birgit Duschek
- 13 Ein Glückspilz sein / Ein Pechvogel sein Rolf-Bernhard Essig

Ich und die anderen

- 14 Wunder des Alltags Hans Manz
- 15 Anzeigen im Gemeindeblatt
- 16 Der Hundebesitzer Thomas Winding
- 18 Wenn du ganz allein bist Klaus Kordon
- 19 Gute Frage! Sybille Hein
- 20 Himbeermarmelade Friedrich Karl Barth
- 22 Kinderrechte
- 24 Die Waldolympiade
- 26 Timo und der Neue Regina Rusch, Iris Hardt **Schmökertext**
- 28 Auf dem Weg zum Leseprofi:
  Sich vor dem Lesen Gedanken zum Text machen
  Der Klassenrat

Unsere Heimat – unsere Welt

- 30 To everyone in all the world Pete Seeger
- 31 Spiele mit Steinen
- 32 Wonn Brett Antonia Michaelis
- 34 Leben in Japan
- 36 Mandela und Nelson Hermann Schulz
- 39 Kennst du dich aus?
- 40 Eine Reise nach Berlin
- 42 Flieger am Himmel Annette Herzog, Katrine Clante **Schmökertext**
- 45 Wirf mir den Ball zurück, Mitura! Ilse Kleberger
- 46 Auf dem Weg zum Leseprofi:
  Das passende Buch auswählen

Arbeiten und erfinden

- 48 Fantastische Maschinen Jörg Dähne
- 49 Ein arbeitsreicher Tag Hans Manz
- 49 Faulenzen Josef Reding
- 50 Wenn der Löwe brüllt Nasrin Siege
- 53 Nach dem Spülen Erwin Grosche
- 54 Tom Sawyer: Der kluge Anstreicher
  Mark Twain, Hans G. Schellenberger **Schmökertext**
- 57 Der letzte Tag
- 58 Das doppelte Lottchen Erich Kästner
- 60 Die Brücke Renate Welsh
- 60 Brücken
- 62 Die Müngstener Brücke
- 63 Der Zwerg und der Schmied
- 64 Auf dem Weg zum Leseprofi:
  Informationen im Text mit dem Vorwissen abgleichen
  Kinderarbeit

Fantasiewelten

- 66 Pinocchio Stasys Eidrigevicius
- 67 Die fetten und die mageren Hühner nach Aesop
- 67 Der Hund und der Knochen nach Aesop
- 68 Mit Peter Pan ins Land der Abenteuer James Matthew Barrie
- 70 In einem tiefen, dunklen Wald … Paul Maar, Verena Ballhaus **Schmökertext**
- 73 Der Wolf und die sieben Geißlein Rolf Krenzer
- 73 Zum Abschied Frantz Wittkamp
- 74 Fundevogel nach den Gebrüdern Grimm
- 76 Die schrecklichsten Mütter der Welt Sabine Ludwig
- 78 Gespensterjäger in großer Gefahr Cornelia Funke
- 80 Auf dem Weg zum Leseprofi:
  Handlungsschritte in Texten herausfinden
  Puffy

Ich und mein Körper

- 82 Unsere Körpersprache
- 83 Pausenliebe **Michail Krausnick**
- 83 Stefan **Karin Gündisch**
- 84 Nur Weicheier küssen nie
  Dagmar H. Mueller, Elisabeth Holzhausen `Schmökertext`
- 86 Ja oder nein?
- 87 Gute und schlechte Geheimnisse
- 88 Was hat der Hunger mit dem Zucker zu tun?
- 90 Handballspielen macht Spaß
- 92 Regenbogenkind **Edith Schreiber-Wicke**
- 94 Auf dem Weg zum Leseprofi: Beim Lesen Stichwörter notieren
  Ernährung – bitte sinnvoll

Gestern, heute und morgen

- 96 Die Welt von morgen
- 97 Zukunft **Paul Maar**
- 97 Hat alles seine Zeit **Johann Wolfgang von Goethe**
- 98 Die DDR und die BRD
- 100 Fritzi war dabei **Hanna Schott, Gerda Raidt** `Schmökertext`
- 103 Justin Time – Im Jahr 2385 **Peter Schwindt**
- 106 Die neue Schule
- 108 Der 7. Sonntag im August **Sabine Ludwig**
- 112 Auf dem Weg zum Leseprofi:
  In einem Text gezielt Informationen suchen
  Von der Schallplatte zum MP3-Player

Kleider machen Leute

- 114 Machen Kleider Leute?
- 115 Infantin Margarita, eine Prinzessin aus Spanien **Silva y Velásquez**
- 116 Des Kaisers neue Kleider **Hans Christian Andersen**
- 119 Masken für ein Theaterstück basteln
- 120 Vorhang auf!
- 122 Über mich und meinen blöden ersten Schultag
  Juma Kliebenstein, Alexander Bux `Schmökertext`
- 125 Was Kinder über Kleidung sagen
- 126 Sachensammler **Josef Guggenmos**
- 127 Diese Mode ist in
- 128 Auf dem Weg zum Leseprofi:
  Die eigene Meinung zu einem Thema bilden
  Schulkleidung

Wasser und Wetter

130 Der Wind zieht seine Hosen an Heinrich Heine
131 Wolkenzauber Martin Klein
132 Besuch in der Wetterwarte
134 Bauer Eisold steht vor dem Nichts
135 Der musikalische Wasserhahn Klaus W. Hoffmann, Rudi Mika
136 Der vergrabene Schatz David Henry Wilson, Axel Scheffler `Schmökertext`
138 Experimente rund um Wasser und Wetter
139 Käpt'n Blaubär
140 Auf dem Weg zum Leseprofi: Fachbegriffe verstehen
     Wettersatelliten

Leben in und an Gewässern

142 Seerosen Claude Monet
143 Die Kaulquappe Michael Ende
143 Der Frosch Gerd Bauer
144 Die erste Reise Peter Schwindt
147 Froschwitze
147 Die Hasen und die Frösche nach Aesop
148 Die Stockente
150 Verwüstung im Teich
152 Ganz neue Fische Erwin Grosche
153 Das Wasserläufer-Experiment
154 Der Fisch mit dem goldenen Bart
156 Seehunde in Gefahr! Luisa Hartmann, Doro Göbel `Schmökertext`
158 Auf dem Weg zum Leseprofi: Zu einem Thema recherchieren
     Seerosen und Teichrosen

Die Welt der Medien

160 Computer-Kunst Campbell Laird
161 Kennst du Emoticons?
162 Sabine Ludwig erzählt, wie sie zum Schreiben kam Sabine Ludwig
164 Hilfe, ich habe meine Lehrerin geschrumpft Sabine Ludwig
167 Bücher auswählen
168 Im Internet recherchieren
170 Unterhaltung oder Werbung?
171 Der kleine Nick
172 Der TV-Karl Christine Nöstlinger, Jutta Bauer `Schmökertext`
175 Das Fernsehprogramm
176 Zeitungen und Zeitschriften
178 Auf dem Weg zum Leseprofi:
     Eine Buchausstellung gestalten

Jahreskreis

- 180 Feste in aller Welt
- 181 Vitamin-Smoothie
- 181 Im Herbst Charles M. Schulz
- 182 Gedichtewerkstatt im Herbst
  Herbstwind Günter Ullmann
  Herbsträtsel
  Herbstgedicht Jürg Schubiger
  Novembertag Christian Morgenstern
- 184 Hinter verzauberten Fenstern Cornelia Funke
- 186 Vorweihnachtstrubel Ursel Scheffler
- 186 Schneezauber Lulu von Strauß und Torney
- 187 Glücksbonbon
- 188 Der große Fino Schokoladenfabrik Norbert Landa
- 190 Das jüdische Purim-Fest
- 191 Abschiedsfeier
- 192 Sommerbeginn in Schweden

Ideen und Tipps

- 194 Ein Akrostichon schreiben
- 195 Einen Text in der Ich-Form schreiben
  Der Fuchs und der Storch nach Aesop
- 196 Ein Referat vorbereiten
- 197 Einen Text am Computer gestalten
- 198 Einen Text als Comic gestalten
- 199 Ein Hörspiel aufnehmen
- 200 Texte und Bilder ausstellen
- 201 Theater spielen